# 高效职场口才与技巧

陈伟◎编著

中国纺织出版社有限公司

## 内 容 提 要

好口才是年轻人职场顺利发展的保障，与同事和领导良好沟通，必然会使你的工作更加出色，人际关系更为和谐。

本书为职场人士量身打造，丰富翔实的职场案例，透彻犀利的职场点评，传授给你最实用的职场沟通技巧，更提供了不同场合下的语言情景训练，从而更鲜活地指导读者掌握和提升自己的职场表达能力，让领导认可，让同事信赖，让升职加薪、美好前程都不再是困扰你的难题。


**图书在版编目（CIP）数据**

高效职场口才与技巧 / 陈伟编著. --北京：中国纺织出版社有限公司，2021.2（2023.5重印）
ISBN 978-7-5180-7868-4

Ⅰ. ①高… Ⅱ. ①陈… Ⅲ. ①口才学–通俗读物 Ⅳ. ①H019-49

中国版本图书馆CIP数据核字（2020）第172902号

责任编辑：张 宏　　责任校对：王蕙莹　　责任印制：储志伟

中国纺织出版社有限公司出版发行

地址：北京市朝阳区百子湾东里A407号楼　邮政编码：100124

销售电话：010—67004422　传真：010—87155801

http://www.c-textilep.com

中国纺织出版社天猫旗舰店

官方微博http://weibo.com/2119887771

永清县晔盛亚胶印有限公司印刷　各地新华书店经销

2021年2月第1版　2023年5月第2次印刷

开本：710×1000　1/16　印张：13

字数：158千字　定价：68.00元

# 前言

身处职场，不少人可能都听过这样的话："干得好不如说得好。"这句话虽然有些偏颇，但对于职场人士来说，会做事，也会说话的员工肯定更容易受到上司的青睐和重用。

事实上，我们也发现，在职场中，有些人总是能工作顺利，事事顺心，有问题领导能帮忙解决，提出的建议也总能被领导接受，因此也倍受领导重视，自然，评优、加薪、升职等都会频繁降临；而同样一个与之做事能力差不多的人，假若语言表达能力不好，升迁机会往往要比那个既会办事又会说话的人少得多。如果你也是如此，那么你最该思考一下，是不是自己与领导的沟通方式有问题，为什么领导不愿意听你的建议？为什么你的要求被领导拒绝了？如何说，领导才更愿意听？要知道，对于每一个人来说，办事的能力和说话的能力同样重要。在说话能力里，和领导沟通的能力是重中之重。

据美国一家研究所进行的一项调查报告显示，有80%以上的企业管理者会对员工的表达能力和沟通能力存在抱怨之声，他们称企业员工的说话能力正在每况愈下。

还有一个调查数据结果也指向这一问题，在企业内，有65%以上的员工因为语言能力问题而迟迟得不到升职和加薪，也有一些员工因为沟通能力问题而压缩了自己的升迁空间，也就是说，因为表达能力不过关，他们只是得到了暂时的工作，而失去了继续发展自己的机会。

在职场中，有很多人不善于和领导沟通，甚至害怕和领导沟通。尽管领导对自己也算不错，尽管彼此并无什么矛盾，尽管也明白沟通很重要，但在工作中还是会不自觉地减少与领导沟通的机会，或者减少沟通的内容。

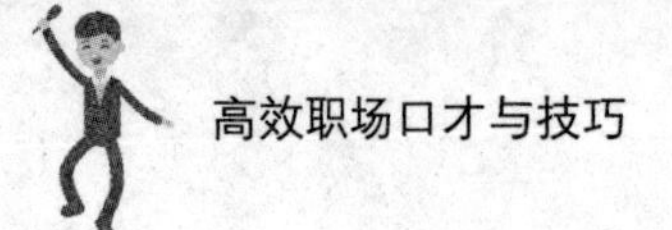


事实上，无论是国企、私企还是外企都普遍存在着这样的问题。学会和领导说话，是职场人士的一门必修课。因为从领导的角度来看，他们会根据下属的说话能力来判断其学识、修养和实力。好的语言如同好的名片，易让领导感受到你的为人，有效发挥交流的作用。

因此，我们必须从现在起，就在生活和工作中有意识地提高自己与领导的沟通能力，因为任何人都不是天生的语言学家，都不可能生来就掌握说话技巧。事实上，任何人只要做到不断学习和提高，都能轻松驾驭语言，轻松地与人交流。

可能我们每个人都希望找到一个语言导师来帮助自己提高说话水平。但寻找的过程是艰难的，这里，我们推荐本书。

从这本书中，我们能认识到在职场与领导沟通的重要性，能感受到语言的魅力，同时，本书还从具体职场沟通实例出发，为我们提供了职场不同场合下的语言情景训练，从而更鲜活地教导我们该如何与领导沟通，增强我们说话的能力。相信你在熟读本书后，一定会对如何与领导说话有更为全面的了解和掌握，更能让你在日常工作中找到如何与领导从容沟通的奥秘，最终能帮助你成为一个受领导欢迎的人。

编著者

2020年3月

# 目录

## 上篇　修炼职场好口才从学会倾听开始

# 上篇

## 修炼职场好口才从学会倾听开始

身处职场，最基本的生存技能就是要学会听领导讲话，不仅是听，更需要听懂。有时候，即便是同一个领导说同一句话，甚至同一个领导在不同的场合说出来，其话语背后的含义也是有所差别的。因此，作为下属和员工，我们需要做的就是学会听领导讲话。

# 第一章　察言观色，体察领导讲话时的姿态神色

在倾听领导说话过程中，我们应该懂得察言观色，边听边注意领导的姿态神色。或许领导的言辞会透露一个人的品格，其姿态神色也能让我们了解他的内心，表情、手势、腿脚等小动作也会在毫无知觉中反映其心理活动。

## 倾听，不仅仅是用耳朵

倾听，也就是用耳朵去听，但并不意味着你在倾听过程中只用耳朵，那领导所说的就如同一阵耳边风，风吹过，便无影无踪。假如我们想更有效地听懂领导话语中的本意和真意，不仅仅需要耳朵这样的直接器官，更需要调动各种器官同时作用，才能达到倾听的目的。用耳朵倾听，意味着你在保持“听”的状态；用心倾听，则表示你有那份心态；用眼睛观察，就相当于你看到的是一场无声电影。对此，作为下属，在倾听领导说话时应该耳到、心到、眼到、口到，各种器官同时作用，才能达到倾听的目的，也才能在倾听中获取更多有用的消息。

在倾听中，所谓“调动各种器官听”就是将内在的言语感知活动用多种感官调动起来，使自己的无意注意发展成有意注意，从而提高倾听效果。听包括静态和动态两部分，静态地听，也就是闭上眼睛，敞开耳朵，别管听懂听不懂，只用耳朵来听，因为听觉感受能力是一切沟通活动的基础和前提，多听更是和谐人际关系的关键；动态地听，也就是下属运用自身器官联动进行倾听，

除了耳朵以外，还需要调动口、眼睛这些器官。在单纯倾听的同时，还需要有意识地注意领导所说的内容，以便于给予适当的回应，即便你只说一句“这个方法不错”也是极为有效的回应。同时还需要用眼睛观察领导的神态、表情、眼神、身体姿势，因为这些都会泄露领导心里的秘密。当下属已经观察完听完，这时还需要用“心”思考，综合语言与神态表情，体会领导的弦外之音、言外之意，真正了解领导心中所想所思、所急所盼。

毕加索和勃拉克都是伟大的艺术家，也是形影不离的好朋友。有一天，勃拉克很沮丧，他的一幅画因为颜色问题作坏了，他害怕人们会对那幅画评价不好，就一个人自言自语道：“真想把这幅画毁掉。”“别，别毁了它。”毕加索眯着眼睛，在那幅画前走来走去，嘴里还不停地赞美：“这幅画真是太棒了！”勃拉克开始有点半信半疑：“真的吗？”因为毕加索是自己最好的朋友，又是艺术界里的行家，毕加索的话让勃拉克相信了。“当然，你把它送给我，我拿我的另外一幅画与你交换，怎么样？”毕加索很肯定地说。最后，毕加索与勃拉克交换了画。

几天后，一些朋友去勃拉克的画室，他们看到了毕加索的那幅画挂在一个比较显眼的位置。勃拉克非常激动地说：“这是毕加索的作品。他送我的，真是美极了！”这些朋友同时也去了毕加索的画室，他们惊奇地发现勃拉克的那幅画，而毕加索语带不屑地介绍：“你们看看，这就是勃拉克画的东西。”

看完整个故事，我们再来回味毕加索和勃拉克的话。当着勃拉克的面，毕加索不停地赞美：“这幅画真是太棒了！”眯着眼睛，整个人在那里走来走去。后来当两人交换了画，毕加索在介绍勃拉克的那幅画，语带不屑地说：“你们看，这就是勃拉克画的东西。”细心倾听的人，肯定会听出他的言外之意：“勃拉克的画算什么东西，怎么能跟我的画相提并论。”同样的道理，我们在倾听领导说话，不仅仅要用耳朵，还需要用自己的眼睛去观察，更要用心思考对方的话是否含有别的意思。

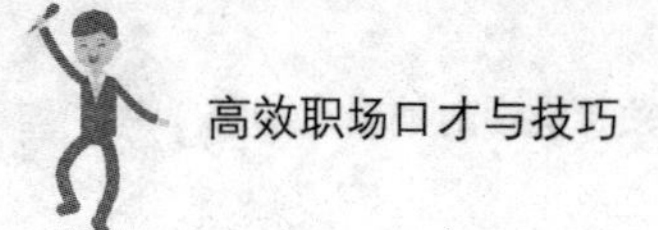


在与领导交谈过程中，我们可以通过察言观色来倾听领导的心声，有可能是领导一个细微的动作，一个眼神，抑或是一个笑容。那些在他脸上、身上表现出来的表情或动作，都在随时地告诉我们他内心究竟在想什么。而我们可以根据领导真实的心理逐渐调整自己的回应方式与技巧，如此就能获得交际中的成功了。

人们按照不同的角色，展示出不同的气质、表情，那些不符合设定角色的性情、言行、心理都被他们小心地藏起来。除此之外，人们还会因为所处的环境来掩盖真实的自己。他们会故意运用一些外部的行为举止来掩盖自己，企图通过外表迷惑对方。而我们所需要做的就是，调动各器官进行全面而细致地倾听，以捕捉到领导内心真实的想法。

## 眼神的交流在对话中很重要

我们常说："眼睛是心灵的窗户。"在职场中，识别一种无声语言更重要，那就是领导的眼神。在日常工作中，领导与下属之间的眼神交流，更能无声地传达出彼此之间的关系和默契程度。心理学家认为，眼睛是心灵的窗户，眼神则能传达一个人的心理，比如，一个人在表达反感或仇恨的时候，其瞳孔会缩小，会透露出刺人的目光；反之，一个人对某件事情怀有极大的兴趣，则会睁大眼睛，以此表示赞同和好感。作为下属，要想轻松倾听领导说话，就要学会观察领导的眼神。即使是高高在上的领导，他们也有平常人的喜怒哀乐，他眼神所传达的意思不可能与平常人相差得太远，只不过由于身份或地位不同，领导对下属的眼神会有一些特别的含义。作为下属，则应该学会在倾听中

看领导的眼神，从而更好地领会领导的言外之意。

通常来说，如果领导友好地看着你，甚至不时地眨眨眼睛，那表示他对你这次的工作评价较高，或许请求你原谅他的过错；领导在说话的时候，从上到下打量你，则表明他占据优势地位，拥有着支配的权力；如果领导用锐利的眼光盯着你，那表示他内心并不相信你，希望你能说真话；领导一边说话，而目光却看向其他地方，那表示他不想与你交谈下去，想尽早结束谈话。如果领导闭上眼睛或者根本不看你，那有两种可能：一是他不想评价你，想用不重视你来惩罚你；二是他对此感到心烦或厌倦。

年底，由于业务量很大，职员们的工作十分紧张，小瑞也投入了那紧张的工作中。一天早上，老总突然召集大家开会。办公室里，老总对每一位进门的人都点头示意，但唯独小瑞进门的时候，老总却将头扭了过去。小瑞暗叫不妙，心想老总对我有成见了。

果然，会议上，老总提出了一两个问题之后，就保持沉默，弄得大家都紧张兮兮的。半个小时后，老总才用目光尖锐地扫视全场，说道："我对我们的员工提出严厉批评，你们知道吗？我们的品牌策划书竟连人家公司的名字都写错了，今天对方发传真过来了，说对我们的能力表示怀疑。"小瑞一下子明白了，老总所说的员工就是自己，因为那份策划书是自己写的。

周一早上，张总来到办公室，发现办公桌和窗户布满了许多灰尘，他赶紧叫来秘书小王，吩咐道："今天清洁阿姨还没来打扫吗？办公室怎么脏成这样子，你赶紧打扫打扫，一会儿我还得接待重要客户呢。"小王急忙去卫生间拿了抹布，打算将办公桌和窗户擦一遍。没想到，窗户还只擦了一半，张总已经带着客户进来了。张总对小王说："你一会儿再来打扫吧。"说完，用眼神示意小王先出去。小王心领神会，张总的意思是让自己回避，虽然还只剩下一点点没擦净，但小王还是点点头，收拾了东西出去了。如果这时小王执意说："我马上就擦完了。"那肯定会惹张总不耐烦。

在工作中，与领导沟通，与领导保持眼神接触，并对其眼神进行解读是很有必要的。从生物学上看，眼睛是露在外面的器官，它是脸部最具有沟通能力的部分。而眼神是运用眼部的动作来表达情感、传递信息的无声语言。在面部表情中，它是最具生动的、复杂的表情。一般而言，在面对面的沟通中，眼神接触通常占沟通时间的50%~75%，它的作用不次于声音。因此，身处职场的我们，必须在倾听领导说话时领会其眼神的含义，从而解读出领导的言外之意。

领导的眼神加上语言表达，所表达的有可能却是另外一种意思。比如，领导经常会说“你看着办”，这时如果你仔细观察他的眼神，就会发现，这句话其实不简单。如果领导是喜悦的眼神，那言外之意是“你的想法不错，看情况自己把握就行了”；如果领导是愤怒的眼神，那言外之意是“上次的事情就没办好，这次可不要马虎大意，按照我的要求去办”；如果领导是悲哀的眼神，那言外之意是“反正没什么希望了，你想怎么办就怎么办吧”。

## 手势是真实心理的自然流露

手势，就是指用手指、手掌、手臂的活动来表达情感，传递信息。通常情况下，领导说话都会附带一些手势，一方面可以强调和解释语言所传达的信息；另一方面，适当的手势可以使表达的内容更丰富、形象、生动。对此，有人说：“手势是口语表达的第二语言。”由于手势是肢体语言的重要组成部分，因此，通过一个人在说话时所使用的手势，可以揣测出其话语的真意。尤其是对于领导者，手势是其在讲话过程中常用的一种动作语言，一举一动均是其真实心理的自然流露。我们可以说，说话时不同的手势反映了领导者不同的

心理活动，从某种程度上可以投射或反映出领导话语中的真意和本意。

在平日的工作中，领导们说话时的手势也是各种各样的。有的领导在说话时总是不自觉地举起自己的手掌，试图让下面的听众都能看到；有的领导在说话时会习惯性地摸自己的嘴巴；有的领导在说话时则会不时地触碰自己的头发；有的领导在说话时，总是将两手握在一起，时而分开，时而又握在一起，在说话过程中一直重复这样的动作。这些在说话时展现给我们的不同手势，若是再加上其言语，我们则可以揣测出领导真实的想法。而有时候，领导的这些说话手势是固定的，也就是说那些手势好像已经成了他们的某种标志。

某位英国记者在整理多张欧美首脑照片的时候，发现了一个奇怪的现象：从奥巴马、希拉里到卡梅伦、萨科齐，他们在讲话时都会摆出同一个姿势：伸出手臂，并用手指指向天空。尽管在很多时候，天空中什么东西也没有。

原来，奥巴马在访问英国的时候，交谈期间，首相布朗和保守党领袖卡梅伦都不约而同地伸出了手指；希拉里在多次民主党总统候选人拉票集会期间，在向民众讲话的时候，她也伸出了手指；德国女总理默克尔和法国总统萨科齐在欧盟会议上，两人均是伸出手指，眺望远方。

英国心理学家马丁·斯金纳博士这样说道："首脑和那些即将成为首脑的人，都希望自己看上去像是一位真正的领导者。于是，在讲话的时候，他们在潜意识中试图摆出类似雕像的姿势。很显然，抬起手臂、昂起头的姿势无疑比光站着讲话更有活力，而眼睛向前望去，使他们看上去更有远见。"说话时伸出手指指向天空几乎成为了欧美领导者的固定手势，实际上这正表现了他们内心真正的想法。

这天小王拿着客户资料走进了办公室，他先向经理详细介绍了自己掌握的关于客户的资料，并转达了客户诚恳的合作意向。然后，小王轻轻问道："经理，你觉得怎么样？"只见经理边说话边将两只手握在一起："嗯，其实我们公司最近也需要一次关键的合作，以解决公司的融资难题……"可小王听了半天，也没听懂经理的意思是合作呢还是不合作。他一眼注意到了领导的手势，恍然大悟，原来经理还在犹豫中。

领导在说话时会将两只手握在一起，或许是很少在公众场合讲话，以此手势表现出其内心的紧张。这样的领导大多属于容易紧张的人，如果他是认真地与你谈话，那下意识里，在他身上就会出现这样的手势，同时也表示他正在为作决定而陷入犹豫不决的状态。

通常领导说话时双手合掌，从上往下压，这表示领导情绪比较平静、缓和；领导若是食指伸出指向下属，这表示其话语中显示着赤裸裸的优越感；如果领导在说话时双手放在身后互握，那表示他对自己刚才所说的话感到自豪；如果领导说话时手指并拢，双手构成金字塔形状，指尖指着前方，那表示领导对你的说话并不满意，他很想反驳你所说的话；如果领导说话时把手捏成拳头，那表示领导情绪比较激动，他想维护自己的权威；若是领导用拳头敲桌子，那则是希望你最好不要开口说话。

## 体态显示说话者的真实心态

虽然人们说话时的身体姿势差不多都一样，但处于领导的位置，他们的身体姿态却有所差别。这是由于领导身份特殊，即便是在说话时也需要彰显自己领导的身份，因此自然而然地，他们的身体姿势也不能太过随便，否则就会影响到自己的威信以及领导者的形象。实际上，下属不能忽视领导在说话时展现出来的身姿，而是需要用心观察，因为领导说话时的身姿恰恰暗示了其真实的心态。对此，我们在倾听领导说话的时候，还需要注意领导的身体姿势，是拘

谨还是放松，是霸气还是随和。总而言之，这些不同的姿势都反映出领导者的真实心态。

在人际交往中，人们的口头沟通常常需要借助人体的各种姿态，这就是我们常说的体态语言，而身体姿态正是包括在内的。对于领导者来说，掌握不同的体态语言是与他人顺利沟通的重要保证。而对于下属来说，在倾听领导说话时更需要注意表现在其身上的不同姿态。通常一个人的身体姿态能够表现出其是否有信心、精力充沛。人们的身体姿态有站姿、坐姿、行姿三种。站立的姿态体现了领导的精神风貌和道德修养，下属应该观察领导说话时站立是东倒西歪还是耸肩驼背；坐姿方面，下属需要观察领导是正襟危坐，还是身体微微向前倾；走姿最能体现一个人的精气神，下属需要观察领导是稳步前行，还是急匆匆地赶路。这些不同的身体姿态，都显示着领导者们不同的风度和修养以及其心理状态。

小伟经过层层面试，终于如愿以偿地进入了这家公司。上班第一天，秘书请小伟去总经理办公室，小伟有点激动，这可是第一次见领导呢。

秘书把小伟引进办公室后就出去了，小伟忐忑不安地站在那里，只见领导正襟危坐在办公椅上，似乎正在批阅一些文件。察觉到有人进来了，经理头也不抬，询问道："是新人吧，今天第一天报到吗？"小伟本想点点头，但想到领导看不见，只好回答："是的，经理。"

这时经理才抬起头来，身体微微向前倾，说道："请坐，别紧张，我不过也是一个普通人，又不是吃人的老虎，你害怕什么。"几句话说得小伟也忍不住笑了起来，接着，经理开始介绍："我们公司的大致情况，我想你在面试时应该很清楚了……"

在案例中，首先领导坐姿给小伟的印象是正襟危坐，那表示领导本身比较稳重，而且对自己充满自信。虽然在询问小伟第一句话时，经理并没有抬头，但随之的动作，身体微微向前倾，这表示出他对小伟的尊重。再加上良好的语

言表达，小伟可以感受到这是一位容易相处的领导。

到了年底，房地产公司的销售额又翻了一番，对这样瞩目的成绩，全公司上上下下都感到很高兴，同时可以轻松地吐一口气：终于可以过个好年了。

春节期间，公司员工小罗带着从老家捎过来的特产去给销售经理拜年。到了销售经理的家里，正看到销售经理坐在椅子上，身体往后靠，双手放在脑后，双肘向外撑开，一副轻松惬意的姿态。小罗热情地打招呼："经理，过年好。"经理笑了笑，但并没有改变自己的姿势，小罗在对面坐下来了，有一句没一句地跟经理闲聊了起来。很快，经理就将话题说到了销售业绩上来，小罗由衷地赞叹："要我说，去年年底还是经理有办法，采取了小小的办法就让咱们公司赚得盆满钵满，您的功劳可是最高啊。"经理微笑着说："哪里哪里，那都是咱们全公司的功劳，如果没有你们的加班出力，也不会有那么大的成绩。"话虽是这样说，但小罗观察他的姿态则可以知道他这时是多么的自负。

在案例中，经理坐在椅子上，身体往后靠，双手放在脑后，双肘向外撑开，这样一种身体姿态表示他正处于一种轻松的状态，但同时也表示他心里很自负。通常领导在取得了一定的功绩之后，大部分都会采取这样的姿态。这表明此时领导心里非常放松同时又非常自负。

领导在说话时所表现出来的身体姿势往往显示其真实的心态。比如领导双手插腰，肘弯向外撑，这是好发命令者的一种传统身体语言，往往也是领导者在碰到具体的权力问题时所做的姿势；领导坐在椅子上，将身体往后靠，双手放到脑后，双肘向外撑开，这说明他这时很轻松，也暗含着内心的自负；领导在说话时拍拍下属的肩膀，这是对下属的肯定和赏识，不过，也只有从侧面拍才表示出真正的赏识，若是从上面拍，则表示出轻视下属或展现自己作为领导者的权力。

# 观察姿势变化，看出领导的心理动态

很多时候，我们在倾听领导说话时，会观察到领导的神态表情，因为我们的视线差不多是在同一水平线之上的，可是，对领导说话时腿脚的动作就很容易忽略了。其实，通过心理分析，领导说话时腿脚的动作也反映了其真实心理。通常情况下，人只要采取走姿或坐姿，腿脚就会有一些动作，或是双脚交叠，或是两腿交叉跷起，或是叉腿站立等，这些各种不同的身体姿态，往往反映着说话者真实的心理动态。如果你对此表示怀疑，那不妨在下一次倾听领导说话时观察其腿脚的动作，你就明白事实确实是这样。

一般而言，领导者身份较高，他们内心有着较强的支配欲，说话时会采用深坐的姿势，也就是我们常说的“窝”在椅子里，腿脚很自然地跷起或抖动；而下属身份较低，他们在领导者面前往往感到自卑，因此他们会采取浅坐的姿势，也就是屁股只沾着凳子的边缘，腿脚规矩，不敢乱动弹。这样迥然不同的姿势，导致了选择深坐的领导者在精神上占据优势，至少他内心也希望能居高临下；而选择浅坐的下属，坐在位置上会显示出一种屈居劣势的状态，因为他内心很不安。

正在经理小憩的时候，办公室的门被推开了，下属小吴走了进来。经理正坐在椅子上，上身向后靠着，见到小吴后身体微微向前倾，问道：“小吴，有什么事情吗？”

小吴一脸谄笑，回答说：“其实也没什么事情，经理，您也知道我们部门的主任马上就要调走了，我就是想问问新的主任定了没？”经理身体向前倾斜的幅度大了很多，一边喝水一边回答说：“我不已经说了吗？希望你们自己部门里投票决定，到时我在公司大会上宣布一下结果就是了。”

小吴听了，说：“我知道，只是我也来公司两年了，工作也很努力，经理您看……”这时经理跷起二郎腿，眼睛注视着小吴，小吴也不敢往下说了。经理摆了摆手，说道：“你先下去吧，这些事情我知道安排，你只需要做好自己分内的事情就行了。”

跷二郎腿通常表示一个人不动声色的观望态度。比如说领导若是跷起了二郎腿，两手交叉在胸前，收缩肩膀，则说明他已经感到疲倦，或是开会开腻了，或是对眼前的事情不感兴趣。在案例中，经理本来的动作“坐在椅子上，上身向后靠着”，这表示一个休息的动作；随着小吴的到来，经理“身体向前倾斜的幅度大了很多”，那表示其已经感觉不耐烦了；后来，小吴继续说到选举主任的问题，经理直接跷起了二郎腿，话语之外其实已经下逐客令了，无奈下属还没懂得，经理最后也就只好把话说明了。

在倾听领导说话时，若领导身体坐在椅子前端，脚尖踮起，呈现出一种殷切的姿态，这就表示领导很愿意听听你的意见，因为他的腿脚动作反映了积极的情绪；若领导在说话时双脚自然站立，双手插在裤兜里，这表示他正在思索你所提出的问题，并希望能够得出一个很好的解决问题的方法；如果领导对下属的谈话不感兴趣或感到厌烦时，他会不断地重复跷腿，一会儿左腿放在右腿上，一会儿右腿放在左腿上，这表示他不想继续说下去了。

当然，领导腿脚的动作可以反映其真实心理，这并不是绝对的，因为有时候腿脚的动作也只是一个人固有的习惯，并无其他的含义。对此，作为下属需要仔细辨认。不仅如此，这些身体姿势还需要附带在语言表达左右，否则仅仅是这样一些动作并说明不了什么。因此，作为下属，应该在倾听过程中注意观察领导的这些细微动作，以此弄清楚领导话语中所传递出来的真实信息。

## 看清说话者细微表情，辨别言语真意

我们在倾听领导说话时，还需要观察其嘴巴、鼻子的细小动态，或许只是一个可以随意忽略掉的掩口小动作，但却能从中摸清领导话语里的真意。有的领导喜欢开空头支票。他们很轻易就对下属许诺：“好好干，今年年底保你奖金过万。”重则会在公司员工大会上拍着自己的胸脯说：“今年我一定实现销售额翻倍地增长。”许诺对于他们来说如同囊中取物，非常轻松。作为下属，我们听到领导这样的话当然是怀着愉快的心情，但谁能保证领导说话是真还是假呢。对此，我们在听领导拍胸脯作保证的时候，还需要观察其细微表情，比如嘴巴、鼻子的细小动态，否则若领导轻易许诺，而下属再轻易许诺给客户，但事实上是领导许诺不过是随口说说，下属随意许诺无形中就会在工作中犯错误。

有些领导轻易许诺时会下意识地抚摸自己身体的某些部分，其实，他越是想掩饰自己的内心，就越会因为这些细微的动作而暴露无遗。当我们对他们的行为仔细观察后，会发现他们在轻易许诺时会借助一些身体语言，比如，掩口、摸鼻子等。领导者说话为什么会想要捂住自己的嘴巴呢？其实，这是由于领导者的大脑潜意识里使他不想说那些骗人的话而导致的下意识动作，如此细微的举动可谓“欲盖弥彰”。另外，当我们在谈论某些事情的时候，用手捂住了嘴巴，这表示着他对你所说的并不感兴趣，只是不愿意当面表现出来而已。

孙先生是一家外贸公司地区市场负责人，他一直想将分公司的销售问题解决，于是就抓住每一个机会向销售部门提出种种计划。当他每一次出差到总公司时，就向销售科长说：“我们在A地区那边的产品销售量增加，要求增加该地区的供应量”“目前B地区销售量不佳，应该减少货源”“顾客普遍要求送货上门，我们是否考虑开办这项业务，方便顾客也能保持客源”等。每一次他提出这些问题时，销售科长都会掩口回答说：“好的，知道了，我可以考虑

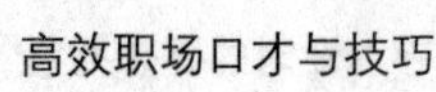


一下。”或者说“我先和上面的领导汇报一下，研究一下，然后再给你答复好了。”每次都是这样，总是无法给他一个明确的答复。

一转眼两个月过去了，而自己申请中提到的那些事一点儿眉目都没有。孙先生想尽各种办法，通过厂长向总公司的常务董事提出报告。常务董事听后，也做了相同的动作——掩口，然后说：“原来是这样，我晓得了。我会好好安排，让销售科长去办妥此事。”王先生从常务董事处听到此消息后，非常高兴，以为销售问题可以马上解决了，于是告诉员工和顾客问题很快会解决，这只是时间问题。

又过了三个月，还是一点动静也没有，到了第六个月，才有了小的销售变动，不过只是些表面的工作而已。至此，下属和顾客开始对孙先生越来越不信任了。

本来，孙先生只是如实地向领导反映情况以及建议，但领导却在回答时掩口，表示及时解决这样的问题。粗心的孙先生并没注意到领导说话时的附带动作。当他兴高采烈地将这个好消息告诉给顾客和下属之后，问题还是没有得到解决，这时他才领悟到领导当时的“夸下海口”不过是随口之语。

有的领导者在轻易许诺时会摸自己的鼻子，有可能他们本来是想捂住自己的嘴巴，但觉得这样的举止不太合适，通常就会在鼻子上摸几下，以此来掩饰自己捂嘴的动作，其目的是掩饰自己在撒谎。不过，并不是所有摸鼻子的人都在撒谎，一般而言，说谎者触摸鼻子的时间很短，而且力度很轻。

平时，常有些领导喜欢顺口答应别人事情，而事实上却无法做到，这就叫做“开空头支票”。有些刚上任的领导，由于过分相信自己的实力，并且在下属的吹捧下，很轻易地就会答应下属：“这件事情我一定给你办妥。”最后事情却往往没有办到，下属自然觉得领导不守信用。其实，如果你仔细观察领

导在轻易许诺时的行为表现，比如掩口、摸鼻子，就会发现他们在许诺时其实就是在撒谎。

## 看出不同表情后不同的心理活动

一个人的表情神态是心理的一种反映。领导在说话时有可能是面带微笑、和蔼可亲，也可能是冷若冰霜、一脸严肃，不同的表情反映出领导不同的心理活动。我们常说的“察言观色”，也就是透过对方的言语，观察说话者的脸色，获悉对方心里隐藏的真实想法。人类的心理活动可以说非常微妙，而这种微妙经常会从表情神态中流露出来。若是遇到高兴的事情，脸颊的肌肉会松弛，一旦遇到悲哀的事情，也自然会泪流满面。但是，也有许多人不愿意将自己内心秘密让别人看出来，这时如果我们还是单从表面上寻找答案，就有可能会出现判断失误的现象。

有时在洽谈会上，对方笑嘻嘻的，完全是一副很满意的表情，让人很安心地觉得交涉成功了，“我明白了，你说得很有道理，这次我一定考虑考虑”。但结果却是以失败告终，因此我们不能仅仅以说话者表明的神态神色来揣测其真实的心理。在日常工作中，我们经常会遭遇“面无表情”的领导，无论自己说了什么，做了什么，他都没有特别的表情。实际上没有表情不等于没有感情，有的领导会有意隐藏自己的表情。

有一位推销图书的业务员谈过这样一个经验：当他拿着一本图书向一位客户推销时，会趁机仔细观察那位客户的面部表情。这时候他选择坐在客户的身边，因为坐在客户的身边容易看清客户脸上肌肉变化，当客人翻阅图书的时候，通常他的脸上就有了买和不买的决断了。

表情也能反映一个人内心的感情。当我们倾听领导说话时，要善于捕捉

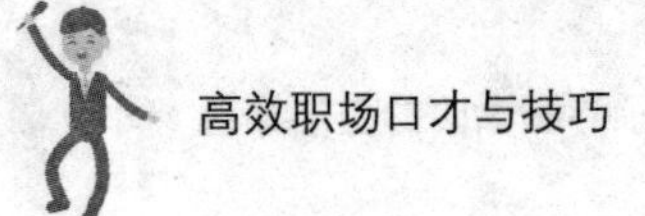


领导面部表情的细微变化，并透过这些细小的变化来倾听其隐藏在心灵深处的想法。或者是他的一个笑容，或者是面无表情，或者是嘴型，或者是不经意的皱眉。

清朝时，一位新上任的县令，初次去拜见领导，想不出该说什么话。沉默了一会，忽然问道："大人尊姓？"这位领导很吃惊，勉强说了姓某。县令低头想了很久，说："大人的姓，百家姓中没有。"领导更加惊奇，说："我是旗人，贵县不知道吗？"县令又站起来，说："大人在哪一旗？"领导说："正红旗。"县令说："正黄旗最好，大人怎么不在正黄旗呢？"领导勃然大怒，问："贵县是哪一省的人？"县令说："广西。"领导说："广东最好，你为什么不在广东？"县令吃了一惊，这才发现领导满脸怒气，赶快走了出去。不久，这位县令便被借故免职了。

我们从这里不难发现，正是这位县令不会察言观色，口无遮拦，才会引得领导发脾气，自己也被免职了。案例中，县令第一次询问"大人尊姓"的时候，领导就面露吃惊的神色，意思是"作为下属，怎么能直接问这样的问题呢"。紧接着，因县令不懂得"观色"继续发问，领导的神情由"惊讶"变得"愤怒"，自然而然，县令也为自己的鲁莽付出了代价。

如果我们注意观察，会发现领导在不同场合说话，笑容也是不同的。领导对下属说话会轻笑，露出了上牙，嘴唇稍微裂开，就好像在跟一个朋友打招呼的样子；领导在赢得功绩时会大笑，上下门牙全都露出来，并且发出了爽朗的笑声，这表示他的心情非常激动；在谈判时说话会皮笑肉不笑，这样的笑容并不是发自内心的，而是做出来的，表示正在思考计策，而这样的领导做事也很沉稳。

领导言谈之间的秘密就隐藏在表情神色之间，比如领导在说话时若是眼

睛瞪得非常大，鼻孔也会显出皱纹来，或者在脸上有抽搐的现象，这表示他正强压内心的怒火；当领导在表达震惊的情感时，他们的嘴会不自觉地张开，下颚的肌肉往往很放松，并且向下垂；如果领导者对某件事情产生了浓厚的兴趣，往往会张开嘴巴，眼角下的面部肌肉会松弛了；如果领导在说话时不经意皱眉，那表示他对正在说的计划并不满意，而在极力思考出更恰当的计划。

# 第二章　领导口才，倾听中学习言此意彼的说话技巧

领导说话，通常会有一套惯用的领导思维，有可能言在此，意在彼，令下属不容易猜透话语其中的真意和本意。对此，下属在倾听领导说话时，需要听话听音，仔细领悟领导话语背后的“别有用意”。

## 领导往往喜欢先扬后抑的说话方式

下属与领导构成了人际关系的重要一环，下属与领导的关系是否融洽，领导往往起着主导作用。甚至可以毫不夸张地说，下属与领导者经常处于矛盾之中，如果想化解这样的矛盾，说话则是必不可少的手段。对此，领导通常在对下属进行批评时，会采用先扬后抑的说话策略。作为领导，对待下属当然是以表扬为主，这样才能最大限度地调动下属的积极性和创造性。不过，必要的批评也是不可缺少的，就好像病人有病需要吃药打针一样。领导的批评可以使下属深思、自责，从而改正错误，以更认真的态度投入工作中去。领导者也正是在思考这样一些问题，因此，他们在批评下属的时候，通常会采取先扬后抑的策略，先抬高下属，唤起他工作的积极性和热情；后面激发下属，触动其自尊，挖掘其潜力，从而达到批评的最佳效果。

著名公关家卡耐基曾说：“当我们听到别人对我们的某些长处表示赞赏后，再听他的批评，我们的心里往往会好受得多。”领导者将这样一种心理策略运用到批评里，发现这确实是一个行之有效的方法。领导者在批评下属时，

不想将下属“一棍子打死”，他们深知批评下属的目的是引导其改正错误，因此先肯定后否定，在肯定的基础上局部否定，这样可以很好地照顾到下属的自尊心，这是一种很好的办法。了解了领导的真实心理以后，我们发现领导在指导工作时通常是先指出优点再说不足：“稿子写得不错，导语好，但中间太啰唆了，还需要修改修改。”说得下属心里美滋滋的，批评都变成了表扬了，让下属干劲十足。

查尔斯·斯科尔特管理着美国钢铁公司的一家钢铁厂。当时正是中午，他看见几位工人正在抽烟，而在他们的头上正好有一家大牌子，上面写着“禁止吸烟”。如果斯科尔特是一个平庸的领导者，他会怎么做呢？可能会走上前去，指着那个大牌子说：“你们不识字吗？”许多缺乏智慧的管理者都会采取这样的方法。

但是，斯科尔特才不会这样说。他是这样做的：他走向那些人，递给他们每个人一根雪茄，然后说：“各位，如果你们可以到外面去抽这些雪茄，我将感激不尽。”工人们立即意识到了自己违反了公司里的规定，同时，他们也更加敬重斯科尔特了。

试想，如果你作为一名下属，有幸遇到了斯科尔特这样的总经理，看到你抽烟是违反了公司规定，却还送给你小礼物，而且对你很有礼貌，让你受到尊重，你会不会甘愿承认自己的错误呢？其实，这正是领导者的高明之处。

某工厂食堂办得比较差，工人的意见很大。厂长便把转业军人、主管食堂工作的行政科长叫到办公室说：“据我所知，你在连队时是一位优秀的司务长，连里的伙食搞得有滋有味，是吧？”行政科长回答说：“是的。”厂长继续问道：“当军需股长时立过二等功？”行政科长笑着回答：“是的。”

这时，厂长才说到了正题上来：“你过去很辉煌，可不能吃老本啊，只要你努力，我相信你会把食堂搞好，我不希望再听到工人们敲碗打碟的‘交响曲’。”行政科长惭愧地低下了头，第二天他便亲自到食堂抓管理，不到半个

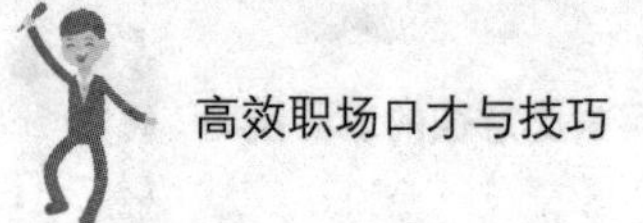


月，食堂面貌大为改观。

一个高明的领导者总是在批评之前先肯定下属的成绩，然后再真诚地向他提出存在的不足。而有的领导者讲话时说：“我对你很是失望。”那被批评的下属听后，第一感觉就是领导已经不重视我了。相反，如果我们换一种方式来处理，比如，你可以这样表达：“你做事向来都是很积极的，从来都是按时完成的，这次突然出现了这样的问题，一定有别的原因吧，我很重视这件事情。”再让他做出回答，这样双方才能够解决问题。

通常情况下，擅长先扬后抑说话策略的领导者在批评下属之前，都喜欢进行一番自我批评。比如，在批评下属之前，自己先承担一定的责任，“是我没有把握全局，这件事我也有一定的责任”，规劝比较年轻的下属时，“我当年也犯过这样的错误”，表述自己当初也曾“年轻过”。大量事实证明，领导批评下属时采用“先扬后抑”的方法，比起标榜自己“一贯正确”，通常更容易被下属接受，也更容易树立起自己的威信和亲民形象。

## 学会当众批评下属的技巧

领导批评下属的形式很多，委婉批评、启发批评、幽默式批评等。如果以场合划分，还包括当众批评和私下批评。但通常情况下，领导对下属的批评是讲究场合和范围的，因为有的批评可以在大会上进行，而有的批评只适合个别批评。领导者比任何人都清楚，如果在批评下属时不注意场合，随便把只能私下找本人谈的问题拿到大会上说，这会让下属颜面尽失，激起下属内心的愤恨，从而不利于问题的解决。因此，领导者在大多数场合，都会谨慎地使用

“当众批评”的方式，毕竟当众批评带给下属的刺激太大了，无异于当众出丑，叫他难堪，稍有不慎，还会引起下属的公然对抗，到时候领导者自己也下不了台。但即便领导者考虑到“当众批评”带来的严重后果，但必要时还是会采用当众批评的方式，以起到警示下属的作用。

作为下属，如果你仔细观察，就会看到领导者真正实施当众批评的时候，大多是与工作有关的事情，而并非下属的私人问题。领导者必须考虑的就是“公私分明”，对于下属的私人问题，那只能私下进行教育指导；如果是因为工作出现了重大问题，那很有必要在大会上进行公开批评。或许下属会认为这样的批评方式过于残酷，因为许多下属在公开批评之后都会痛哭一场，或是垂头丧气。但如果你了解了领导当众批评的真正用心，相信你是能够理解的。对于领导者来说，对工作的严格要求是重中之重，如果有下属因粗心大意而犯下大错，这样的事情是不可姑息的，领导不可能以随便简单的私下谈话就可以了结此事。领导者必须通过当众批评犯错的下属，发挥警示作用，起到教育所有下属的目的。简单地说，也就是“杀鸡儆猴”。当然被批评的下属不要因此而感到委屈，如果你真的在工作中犯了错误，那你应该接受这样的批评，并进行深刻的反省。

小王就读于某高校，毕业后凭着高校的光环进入了一家外企，在同龄人当中，小王觉得自己干得还不错。刚进入公司，小王努力发奋，希望自己也能在这个公司打拼出一片立足之地。他是一个有强烈自我倾向的人，总喜欢出风头，喜欢表现自己。对此，领导曾委婉地告诉他：“你很喜欢展现自我哦。”但骄傲的小王根本没听出领导话语里的深意，反而觉得这是领导对自己的赏识。

当然，小王本身还是一个很有能力的人，他经常会独自一个人做完整个组里的工作，为此受到领导的重视。才进公司不到一年，年纪轻轻的他就坐上了主任的位置，他开始找不到东南西北了。对工作也不像以前那么认真了，他现

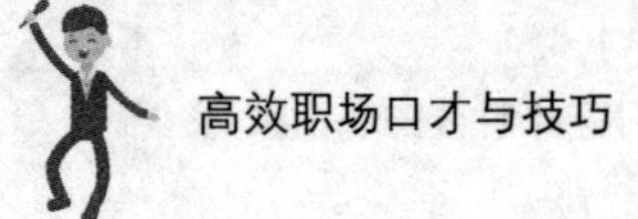



在所有的心思都放在了吃喝玩乐上面，还没到下班时间，他就找借口溜走，约上几个朋友唱歌、吃饭、喝酒，整日过着逍遥的生活。对于下属拿上来的文件，他通常看也不看，就大笔一挥“同意”。

这天公司大会上，总经理脸色严肃，当场指名道姓：“王军，你最近工作态度很差，怎么回事？”王军还是笑嘻嘻地站起来，回答说：“好像是有一点。”总经理脸色变得很难看，大声说道：“不是有一点，你知不知道因为你昨天随便批示了一份合同，导致我们公司亏损了几十万，你现在还以这样的态度说话？这个事情你稍后来我办公室解释解释，现在散会。”王军一下子醒过来，记起来好像昨天模模糊糊地签了一个合同，当时下属还曾提醒自己“仔细看”，可当时因着急下班，即刻就签了走人了，没想到酿成大祸。王军低下头，不吭声了。

王军因工作态度的问题随便签了合同，使公司亏损几十万，这样的错误即便是领导展开公众批评也是比较恰当的。因为还有可能更多的下属正以不认真的态度工作，王军的例子可以给全公司一个警示的作用，而领导展开公众批评的真正用心就在于此。

当然，领导当众批评下属除了给全公司一个警示作用外，还在于以此刺激下属的自尊心，唤醒其工作的积极性和创造性。通常情况下，许多下属工作有了成绩，就容易变得飘飘然，认为领导是很看重自己的，不能随便批评自己的。这样的心态很容易给工作带来不利影响，稍有疏忽，就有可能酿成大错。对于领导来说，公私分明，下属之前的工作成绩是不能抹杀的，但工作中犯下的错也是需要惩戒的。

## 领导私下的批评是什么意思

除了公众批评，大多数领导都会采用私下批评的方式。一般而言，富于智慧的领导会尽量避免在公众场合批评下属，因为他们知道在会场或集体办公室批评某个下属的行为，那绝对不是明智之举。因此，他们通常的方式是让你到他的办公室，开场白则是“我需要与你谈一谈”，这时即便是再愚钝的下属也知道领导将要针对自己工作中的某些问题进行教育和批评了。应该说，擅长私下批评的领导者是考虑到下属的处境的，如果在其他同事在场的情况下，批评和责骂下属，那对下属来说是一件伤心的事情。道理很简单：当着那么多人批评下属，会让下属在同事面前的形象大打折扣。因此，领导私下批评下属时，其真正的用意是照顾到下属的面子，给下属一个主动改正错误的机会。

美国著名企业家玛丽·凯在批评下属时，绝不会坐在领导台后面与对方谈话，她认为办公桌是一个有形的障碍，办公桌代表权威，会给下属以居高临下之感，不利于交流和沟通。她会邀请下属坐在沙发上，在比较轻松的环境中进行讨论。当她要批评下属时，总是单独与下属面谈，而绝不在第三者面前指责。玛丽·凯认为，在第三者面前批评下属，不仅打击了下属士气，同时也显示自己极端冷酷。对此，她说：“一个管理人员在第三者面前责备下属的行为，是绝对不可以原谅的。”所以，我们可以看出，领导者私下批评下属的用意其实就是考虑到下属的面子以及让下属更易于接受自己的教育和批评。

这天中午，主编对新来的编辑小王说：“你带上上次你写的稿子到我办公室来一趟。”小王有点忐忑不安，拿起桌上的稿子随着主编去了办公室。

小王进门的时候，主编吩咐道：“把门带上。”然后主编找了一个位置坐下了，同时吩咐小王：“你也坐吧，别老是站着。”等到小王落座之后，主编说话了：“前天你将稿子交给我，我当时仔细看了一下，但没做任何的批注就给你了，你知道其中的原因吗？”小王低着头，低声说：“我想是我的稿子不

合格吧。”主编点点头，说：“你猜对了，没给你做任何批注，那表示你的稿子存在的问题很大，其实早在我交给你工作任务的时候，就已经提醒过你，希望你认真看样稿，弄清楚了稿子的具体要求，再着手去写，我发现你根本没有把我的话放在心上，完全是随心所欲地写了一篇稿子给我。”小王的头更低了，只是默默地听着主编的批评。

主编说着说着有点生气，但他及时地克制了自己的情绪，喝了一口茶，才说：“小王，我希望你明白做编辑不是自己写小说，任由写你自己的，你需要按照我们的要求写，我不否认你的写作水平，但你要符合具体要求，我们才能采纳你的稿子，你明白吗？”小王红着脸，点点头，回答说：“我明白了，我再仔细研究样稿，然后重新写一篇。”主编松了一口气：“嗯，你先下去准备吧。”

案例中，主编的私下批评是卓有成效的，因为小王最终明白了主编的意思，意识到了自己工作的失误。仔细研究主编对下属的批评，其实这可以不算是批评，顶多算是一次比较严肃的谈话。主编言语适当，不偏不重，既表达了自己内心的想法，同时，让小王也意识到了自己的错误，接受了主编的指导和教育。很多时候，领导私下批评下属，避开了其他的同事，实际上是想给下属一个改过自新的机会。

领导在采取私下批评的方式时，他们会很好地考虑到下属的处境，若是当众责备，非但收不到批评教育的效果，反而会让下属记恨在心。因此，他们会想办法将下属请到自己办公室，在只有两个人面对面的情况下，不管是责骂也好，还是轻言细语规劝也好，下属都是很容易接受的。换句话说，领导私下批评的真正用意不过是以最恰当的方式来达到教育、批评下属的目的。

## 领导对下属的赞扬是最好的激励

在日常工作中，下属常常会受到领导的大力赞扬，即便是对一件很小的事情，但领导却总是赞不绝口。当然，在这个过程中，下属的心里总是洋溢着幸福的满足感，因为自己的能力终于得到了肯定。那么，领导为什么如此喜欢赞扬下属呢？如果你仔细倾听领导赞扬的话，那就可以猜出其中的端倪。领导赞扬下属，通常会说："工作做得不错，继续努力。"那几句赞美的话就是对下属工作努力的最好奖励，实际上也是最好的激励。领导之所以会大力赞赏下属，最关键的原因就是很好地满足了下属心理，以此希望其全身心地投入工作中，为自己效力。

在美国内战初期，林肯为自己立了一个规矩，就是每支部队经过华盛顿向前线开进时，他都要亲自检阅。事实上，当时北方每一支开往前线的部队都要经过华盛顿，这就是说他每次都必须亲自检阅。

有一次，当一支部队路过华盛顿时，天空正下着瓢泼大雨，部队的所有士兵都觉得在如此恶劣的天气里，总统是不会再检阅了。但出乎所有士兵的意料，林肯总统依旧站在以前所站的阳台上，向经过的部队挥手致意。大雨淋湿了总统的全身，但林肯却依然坚持站在那里，这使得士兵们备受鼓舞。身边的工作人员劝他回屋避雨，但林肯大声地说："如果士兵们能够承受得了，我照样能够承受得了。"在接受林肯检阅的时候，士兵们士气高涨，林肯一个接一个地与士兵们握手，嘴里称赞道："你们都是好样的！"士兵们则夹道欢迎他们所爱戴的总统，一时间，总统与普通士兵之间没有任何隔阂。

总统冒着大雨检阅部队，以简单的一句称赞："你们都是好样的。"这对于在场的每一个士兵来说却是莫大的荣幸。有可能他们其中的某些士兵并不想在战场上付出全力，或者说他们很想放弃上战场的机会，但林肯总统的称赞使得他们忘记了战争的残酷，使得他们热血沸腾，誓死为北方自由而战。显而易

见，领导的赞扬并不只是好听的几句话那么简单，它可以让下属为其全力效忠，这也是领导喜欢赞美下属的原因。

新来的员工时常迟到，工作不努力，以自我为中心，喜欢早退，在他来上班的整整一个月，他总是迟到早退，但他的直属领导却没说一句话。

在第二个月的某一天，不知道这位新员工是良心发现还是太阳从西边出来了，他竟然会准时来上班。这时站在门口的李经理看见了，用非常愉快的语气和他打招呼，然后对换上工作服的新员工说："谢谢你今天准时上班，我一直期待这一天。这段日子以来你的成绩很好，工作速度很快，如果你继续努力，一定会得优良奖。我发现你才能出众，希望你发挥潜力。不过，为了自己的前途你更应该遵守纪律，认真努力。"

听了李经理的话，虽然他没有立刻改掉所有的缺点，但在遵守上下班时间方面，几乎判若两人。

我们可以毫不夸张地说，领导的赞扬就好像一副催人奋进的良药，令那些不思进取的下属几乎判若两人。每个人都渴望得到重视，尤其是领导的重视，而领导恰恰懂得下属这样的心理。即便某些下属身上有再多的不足和缺点，但智慧的领导从来不吝啬自己的赞美之词，因为这样做，可以让下属改变自己，可以催动下属积极向上，这比任何实质性的奖励都要奏效。

在生活中，每个人都渴望来自他人的赞扬，而对于下属来说，自己工作是否努力，只需要领导一句话即可。对于一件工作，即便是付出再多的汗水和辛苦，但只要能获得领导的一句称赞，那都是值得的，好像那些曾经付出的汗水和辛苦终于找到它们存在的价值。领导者当然深谙这样的道理，于是，他们更愿意不费力气地说几句赞扬的话，从而达到激励下属、鼓励下属的目的。

# 向领导学习背后赞许的技巧

领导对下属的成绩进行赞扬时，经常会针对不同的场合、不同的对象使用不同的方法。有时领导会特别青睐于“背后赞许下属”，也就是我们常说的“间接赞扬”。间接赞扬是指当事人不在场时，领导在背后进行赞扬。这种方式的表扬，不管是在任何会议或私下对某个人说的，都能够很快传达到被赞扬者本人那里，从而加强赞扬本身的作用。它会使被赞扬者感到领导是真诚地赞扬他的，并不是领导“当面说好话”，所以常常能够起到当众赞扬不能起到的积极作用。领导可以在找某个下属谈话的时候，对另外一个人进行赞扬，这样就会通过中间人把自己的赞扬传达给当事人。因为通常当面赞扬，会让许多下属误以为这是领导随口说说，可能并不是真诚的。但若是通过背后赞许，则加强赞扬本身的意义，会让下属有意外之喜，甚至受宠若惊，从而将更多的热情投入工作中来，挖掘出更多的潜力。

中午，莎莎拉着乔丽，神神秘秘地四周看了看，然后一副很羡慕的表情对着乔丽说：“哎，我可真羡慕你，领导经常表扬你。”乔丽一副丈二和尚摸不着头脑的样子，奇怪地问道：“领导什么时候表扬过我了？我都怀疑领导连正眼都没瞧过我。”莎莎不相信地问：“是吗？那领导可是经常在我面前表扬你，说你工作踏实，态度认真，而且工作做得越来越好了。”乔丽有点不敢相信，原来领导在默默关注自己：“真的吗？”

莎莎一本正经地回答说：“是真的，你知道我今天上午去交广告创意时，无意之中领导就提到你了，说你最近工作能力越来越强了，还让我向你学习呢。其实，这已经不是领导第一次当着我的面赞扬你了，以前他也说过，说你工作态度很诚恳，继续努力的话，将来是很有发展潜力的。你也知道，领导这个人一向说话不怎么好听的，没想到却在背后称赞你，我真是羡慕死了。”乔丽笑着，心里真是说不出的喜悦，暗暗发誓一定要好好工作，争取干出好成绩，让领导看看。

有时领导会当面赞扬："最近工作不错哦。"可能这样一句不经意的话在下属听来是领导的客气话，下属自己并没有放在心上。但如果有一天，下属从同事或别的领导那里听说，原来领导背后如何如何表扬自己，那估计下属的心里比吃了蜜还甜。如果说当面称赞可能是客气话，那背后称赞自己，想必一定是真心话了。领导背后称赞下属，从某种意义上说是手段而不是目的，这会让下属意识到领导对他的肯定和赞赏，从而达到领导激励下属的目的。

当然，如果领导是当着下属的面称赞别的同事，那这位下属估计需要仔细揣摩领导的话语了。比如，领导会说："同事小王工作态度很诚恳，上次一个不合格的策划案，他硬是熬了两个通宵做好了交给我。"这时如果你作为传达话语给小王的中间人，那很有必要反思自己工作态度上是否出现了问题，因为领导这样说的用意在于"你需要向这位工作态度认真的同事好好学习"。

下属工作是为了更好地生存和发展，也有金钱和职位等方面的愿望，但除此之外，下属更追求个人荣誉。在公司里，大部分人都能兢兢业业地完成本职工作，每个下属都非常在乎领导对自己的评价。可以说，领导的赞扬是下属最需要的奖赏，尤其是充满真诚的赞扬。作为领导者，自然知晓这些道理，因此他们更愿意"曲折"地赞扬下属，由另外的同事传达自己的赞美之语，达到激励下属的目的。

## 直言太伤人，不如绕个弯子

在日常工作中，许多下属都有一个共同的体会："领导说话总是绕弯子，

态度不明确，我总是东猜西猜，也猜不透领导真正的想法。”领导说话总是以含蓄委婉为主，如果一个领导总是直言直语，那很容易会在上下级之间制造出一些矛盾，因为直言太伤人。反之，如果说话含蓄一点，兜兜圈子，那下属更容易接受，而且也很好地传达了自己的想法和主张。但有的领导说话含蓄到了令人猜不透其真实想法的地步，也就是很喜欢兜兜圈子，不表明自己的态度，这又是为什么呢？可能有的下属觉得领导说话本身就是这样，或者他本人根本就没有什么真知灼见，可事实并不是这样。当下属向领导请示某项工作时，领导总是东绕西绕，说了半天也搞不清楚到底是执行呢还是不执行，这其实是领导惯用的“明哲保身”法。

通常我们听领导说的最多的话就是“这个事情，你就看着办吧”。领导既没有对下属所提出的意见进行评价，也不明确自己的观点和主张，只是把决定权交给下属，让下属自己定夺。“你就看着办吧”，这几乎成为了职场和官场的平安语。如果这件事情办好了，领导当然很高兴，觉得当初是自己决策正确；反之，如果这件事出了差错，那领导就没那么好说话了，他会责备下属办事不力。如果仔细揣摩领导的心思，那就是：当初我只是想同意又没同意，想不同意又想同意，不好说同意，又不好说不同意，但总得说点什么，就只好说“你看着办吧”。一句“你看着办吧”，就将责任推得一干二净。

小郑熬了一个通宵，将一项工作计划整理了出来，打算拿给经理过目，征得经理的同意，到时候自己就可以一展身手了。

早上到了公司，小郑拿着文件夹就朝着经理的办公室跑去。正好在办公室门口碰到了来上班的经理，小郑打了招呼，就跟着经理进了办公室。经理问道：“大清早的，你是来交昨天给我说的那个工作计划吗？”小郑点点头，将手中的文件夹交给经理。经理将文件放在办公桌上，示意小郑先坐下来。

经理落座之后，拿着文件粗略地看了一看，说道：“这个计划不错，很符合你的工作风格，我看了一下，跟你昨晚跟我口述的差不多，就从咱们公司来

说，其实是需要多方面革新的，你这个想法算是新颖的，最近工作状态怎么样？还好吧。”小郑点点头，回答说：“感觉还可以，就是希望经理能支持支持我。”经理笑了，回答说：“我是你的领导，怎么会不支持你的工作呢？你来到公司两年多了，你的努力大家都看到了，可以说，你是一个不可多得的优秀员工啊……”经理说了半天，也没提到正题上，小郑也不好意思打断经理的话，只好等他继续说。

大概半个小时以后，经理委婉地下了逐客令：“我马上有一个会议要开，你先下去忙别的工作吧。”小郑低声问道：“那工作计划的事情呢？”经理恍然大悟：“哦，这件事，我差点忘记了，这样你先斟酌着办，凡事你权衡着就行。”什么叫斟酌着办呢？权衡？小郑摸不着头脑了。

很多时候，领导说话总是绕来绕去，给出的意见却是模糊不清的，根本没有一个明确的态度。这表示领导根本不愿意处理此类的事情，别看他什么意见都没说，但其实想说的已经很明白了。领导的用意是我已经知道了这件事，我并非有意地置身事外，而是这其中的利害关系，我一点也不想沾边。如果下属遇到领导如此的态度，那就应该谨慎从事了。即便领导交代你“看着办”，下属也需要仔细权衡，千万不要擅自做主，办错了事情。

当一个人说话在不停地兜圈子，但他又不明确地表明态度时，那意味着他根本不想对此事发表任何看法。之所以还在这里与你说话，那也只是不想当面拒绝你。对此，下属要善于倾听领导的话外之音，领悟话语背后的含义，及时识趣地打消有违于领导的念头和想法。

# 领导的建议语言该怎么理解

领导在安排工作时，经常会说这样一句话："对这个工作，我提出几点建议……当然，这也只是我个人的建议而已，你们可以按照自己的想法去办。"估计大多数的下属都听过这样的话，而且他们都听懂了领导最后一句话的意思"这只是我个人的建议而已，你们可以按照自己的想法去办"，不仅听懂了，而且下属们按照这样的要求去做了。但结果却是真的按照自己的想法去做了，领导只是微笑着点点头，虽然没有半点不满意，但敏锐的下属可以感受到领导其实有那么一点儿失落。实际上，大多数下属都误解了领导提出建议真正的含义，他们忽略了领导提出建议的潜台词。当领导愿意在指挥工作时提出自己的一些建议，那表示他希望下属按照自己的意愿去办，但他处于领导者的位置，他明白自己不能强求下属"你们一定要按照我说的去做"，这样会在某种程度上损害自己的形象，因此才以"提出建议"的方式来将自己的主张传达给下属。

早上，办公室主任在给几位下属安排工作，只见他说："小王你负责文件的打印、整理工作，领导需要什么样的文件，什么时候需要，你应该及时地记住，然后按时完成工作；小李负责财务这一块，每个月计算出员工的工资，做到不徇私、无错误，以公正为重，到了月底，若是有员工没及时地领取工资，你可以打电话通知，但是，记住工资必须要亲自交到对方手上……之前这个月的工作进行得不错，但还是出现了几个问题，针对这几个问题，我提出几点建议，你们可以借鉴，也可以依旧按照自己的工作方式进行，第一点就是财务这块……"

等到办公室主任出去之后，几位下属议论了起来，"主任所提出的那些建议太麻烦了，我还是按照自己以前的工作模式进行，这样比较省事""可这样，主任会不会生气啊，毕竟是他向咱们提出的建议""怎么会呢？你忘记了，他说过的只是他的个人建议，又不是强行要求咱们这样去做，没事的，放心吧”。

第二个月工作下来，主任在检查工作时发现除了财务部按照自己的建议工作以外，其他的都是各做各的，对此，主任针对财务部的工作进行了一番大力表扬。

当领导只是委婉地说：“对这个工作，我提出几点建议。”实际上，他的潜台词就是“我希望你们能够按照我说的去做，这样对你们是很有好处的”。对于下属，千万不要只听懂了“这只是我的个人建议，你们也可以按照自己的想法去做”，因为领导的言外之意是希望下属能够放弃自己原来的做法，从而按照自己的意旨办事。如果有下属真的按照这样做了，领导会觉得自己的想法还是颇受下属重视的，尤其是当自己的意愿得到了成功的实践，领导会更加高兴下属作了明智的决定。

对于大多数领导来说，他希望所有的下属都能服从自己的命令。对某些工作的安排和部署，领导者往往会有他自己的意见，如果他不想表现得过于强势，而只是以“提出建议”的方式说出自己的主张，那懂得倾听的下属就应该领会到其话语里的潜台词，不妨尝试着按照领导的建议去办，这样会让你获得领导的赏识。

# 第三章 积极互动，给予说话者最及时的反馈

在倾听领导说话过程中，不仅需要单纯地“听”，更需要对领导所说的话作出巧妙的回应，给予领导最为适宜的反馈。之所以需要给予回应，一方面表示你正在认真地听领导说话；另一方面，倾听过程中的回应是领导内心渴望得到的，也能满足领导的内心期望。

## 及时的回应表明你在认真倾听

倾听是构成有效沟通的必要内容，以求思想达成一致和感情的通畅。而在倾听过程中，反馈则是必要的构成部分，这些反馈包括适当的眼神交流、适时提问等。当然，这些在倾听过程中所作出的反馈应该是及时的，而不是等领导说完了半天，你才给出一个反应，这时领导已经不那么在乎你的反馈，自然而然你的反馈也是毫无任何价值的，甚至会让领导觉得你根本没认真倾听自己说话，从而心中对你产生一种不快之感。对此，作为下属，当你在倾听领导说话时，不管你给予什么样的反馈都需要及时。

这天中午，主任饶有兴致地给大家讲了一个笑话，平日里主任是不善言谈的，正因为如此，可能在进行语言表达时缺少灵活性和形象性，等他把笑话讲完了，下属却还是在那里面面相觑，似乎没听懂笑话。顿时，那位主任有些讪讪地笑了，脸色有些尴尬。

过了一会儿，有位下属突然明白过来，哈哈大笑了起来，一边笑着一边说：“主任，你讲的笑话确实有点冷，我现在才想清楚。”主任回答说：“是

吗？”不过他的注意力好像并不在这件事情上，那位下属还想继续说下去，但看见主任的神色，识趣地闭上了嘴巴。

通常情况下，当我们饱含热情地说一件事或谈论一个人的时候，特别希望倾听者能够及时给予回应，从而让我们感觉不是一个人在唱独角戏，比如，你说完了一个笑话，却发现周围的人面面相觑，大半天也不笑，这时作为说话者的自己肯定会觉得百般无趣，即便最后有的人反应过来了，干笑了两声，但你已经丧失了那种等待的心情，因而他们的反应对于你来说已经是可有可无的。其实，听领导说话也是一样的道理，下属的反馈一定要及时，所谓过期不候，过期的反馈将无任何价值。

这天酒会上，王总喝了几杯酒，兴致勃勃地说起了自己当年创业的故事：“那时我跟你们一样，刚刚大学毕业，不过，那时候大学生没现在这样多，所以我的优势还是有的。”这时坐在旁边新来的职员小李回答说：“是啊，那时候大学生的身份可金贵了，哪像现在遍地都是，大学生根本没什么优势可言。”王总端起酒杯喝了一两口，说道：“就是，所以我那时候面临的机会也很多，许多大公司都邀请我加盟，但是我都拒绝了，我想自己创业，正好我家里还有一些积蓄。于是，我邀请了几位大学同学，商量了几天，最后做出了一个方案，那时候人很年轻，做任何事情都很疯狂。”新职员小李笑着点点头，表示相当认同。

王总继续说：“后来我们几个人南下，怀揣着希望，开始了我们的创业生涯。其实事情发展远远没有想象中那么顺利，跟你们现在一样，把这个社会想象得太美好了。因此，在最初我们也栽过跟头、摔过跤，但我们不服输……”小李时而微笑，时而随着王总所说的内容皱眉，几乎对王总每说一句话小李都会及时作出回馈。相应地，看到小李如此专注听自己说话，王总更是越说越有兴致。

新来的职员小李所给予的及时回馈，表现在王总几乎每说一件事情，他都

会及时地给出回应，或是附和领导的观点，或是点头同意，或是微笑，或是皱眉，表示对当时的情况很感兴趣。这样及时地反馈，会让说话者感觉到倾听者的认真以及期待。于是，说话者更有兴趣继续说下去，而彼此之间的距离也会越来越近。

在倾听过程中会有反馈效应，也就是向说话者反馈自己的尊重与关注，这会让说话者感到自己和自己的话在他人心里很重要，这在一定程度上起到了正性强化作用。心理学家通过大量研究发现，每个人都喜欢和尊重自己说话的人沟通。在倾听领导说话的过程中，及时地反馈会激励对方继续说下去，对说话者本身有着极大的鼓舞。

## 用最适宜的表情展示你在专注地倾听

在倾听领导说话时，除了必要的一些语言回应外，还需要作出一些非语言的回应，非语言的反馈包括点头、微笑、皱眉等。在倾听过程中，适宜的表情回应会让领导感到你对他说的话很有兴趣，就会愿意与你交谈并对你留下很好的印象。当然，倾听过程中的表情反馈应是适宜的，这将意味着你的表情需要随着领导所说的内容的变化而变化，比如当领导在讲述自己当年的光荣历史时，作为倾听者应该给予敬佩、欣赏的表情；当领导者在讲述曾经失意的事情时，作为倾听者应该给予理解、惋惜、遗憾的表情；当领导者在安排工作或是批评的时候，作为倾听者应该给予专注、认真的表情。倾听者的表情要应景而生，这样才会让说话者感觉到你是在认真地倾听，而并不是敷衍了事。

那么，在倾听领导说话时，如何才能作出最适宜的表情回应呢？最简单的

方法就是将说话者当作自己，换位思考，将自己融入到领导说话的场景中，将自己想象成说话的当事者，当自己在诉说一些事情的时候，该以怎么样的表情显现。比如，诉说悲伤的事情，或是诉说得意的事情，不同的诉说内容决定着不同的表情。作为倾听者，要认真领会领导话语中的深意，真正地走进领导心里，你才能对领导所说的话作出最适宜的表情。

早上，小王一进办公室，就被领导训斥了："昨天那个质检工作是怎么做的？今天我看了所有的产品都有问题，你还打上'合格'的标签，你怎么做事的？幸亏今天早上我重新检查了产品的情况，否则这些产品若是出了公司，我们怎么向客户交代，你先去将那些产品整理出来，将所有的劣质产品返回车间，重新加工一遍……"小王看着地板，一副漫不经心的表情，随即"哦"了一声。他的表现更让领导火冒三丈："今天先不必上班了，回家好好给我反省吧！"说完，就摔门走了。

在领导批评的过程中，小王始终以一副漫不经心的表情，这表示他根本没认真听领导在说什么，即便他是在认真地倾听，但这样一副不专注的表情会让领导误解。因此，在看了小王这样的表情后，领导更是生气，直接摔门走了。

酒会上，主任王姐倚靠着栏杆，在酒精的刺激作用下想起了伤心往事，不禁小声啜泣起来。李秘书正好路过这里，面带着关心的表情亲切地问道："王姐，怎么了？"王姐靠着李秘书的肩膀，哭着说："我又想起了那次车祸，想念我失去的亲人，虽然我现在工作做得好，但每每受到公司嘉奖时，我就想起他们，如果他们还在我身边，能够分享我成功的喜悦，那该多好啊，可惜他们不在了，为什么会这样呢？为什么上天不把我一起带走呢？为什么留下我一个人痛苦地活着呢？"

李秘书拍拍王姐的肩膀，表情有些悲伤，有些惋惜，但很快表情变得专注而认真，她说道："我明白，那真是件不幸的事情，但你已经熬过来了，逝者已矣，活着的人更需要坚强，或许他们已经看到了你今天的成绩，正在另外一

个世界为你加油呢，所以，我希望你能坚强地走下去。”王姐点点头，情绪也好多了。

在倾听王姐诉说过去痛苦的事情时，李秘书的表情表现得恰到好处。看到王姐在小声啜泣，李秘书面带关心的表情，适时询问；在得知王姐情绪波动的缘由之后，李秘书表示惋惜、遗憾，但马上表情变得认真而专注，因为她要鼓励王姐坚强地活下去，如果李秘书的表情一直是惋惜或遗憾，那会加剧王姐内心的痛苦，她也难以从痛苦中摆脱出来。

倾听过程中表情的适宜，主要表现在你的表情要配合领导的情绪。有可能领导正在谈一件伤心的往事，这时你要脸色庄重，表现出相应的表情，比如热泪盈眶、唉声叹气等。要注意你的表情要配合对方的情绪，不能在对方谈伤心事时高声大笑或心不在焉。在倾听时要保持专注、投入的表情，这会让领导感觉到你对他谈话的兴趣与重视。切勿露出漫不经心、心不在焉、无精打采等不好的表情和神态。

## 用微笑给说话者赞许和鼓励

在倾听过程中若是面带微笑，那对于说话者会是巨大的鼓励。很多人都忽视了倾听表情中最重要的一个表情——微笑，倾听领导说话，保持自然微笑的表情，同时伴随着领导的说话内容相应地变化，不时地点头表示赞同，那你就称得上是最善于倾听的下属了，自然而然，领导也会乐意与你交谈。微笑是人类最好看的表情，一个很明显的例子，如果你面对的是一位外国人，哪怕你根本听不懂他在说什么，但只要面带微笑，对方定会觉得你是最善于倾听的对

象。假设我们是说话者，在我们面前有两个倾听的对象，一个是面无表情，一个是面带微笑，我们更愿意向谁倾诉呢？显而易见，大多数人都会愿意与那位面带微笑的倾听者交谈。对于领导者来说，他们也愿意与面带微笑的下属交谈。因此，在倾听领导说话时，我们要微笑在脸，让对方乐意与我们交谈。

一位老师看到学生日记中写着："老师，我喜欢上你的课，因为你总是面带微笑，不板着脸讲课，你的微笑让我感到老师很亲切。"这位老师顿时感觉很吃惊，原来，他只是想让自己上课时心情愉悦一些，想不到得到微笑的学生竟然如此满足。这位老师感叹：为什么不尝试着用微笑去温暖学生的心灵呢？当领导在说话时，他或许只需要你友好的倾听态度，而并不关心你能听懂了什么，微笑正是最合适的表情。一个真诚的微笑会让说话者意识到被重视、被赏识，会感觉到无限的温暖，从而愿意继续说下去。与此同时，领导的心情也是愉悦的。

小泽发现同事雅莉总是能够与领导搞好关系，而且许多领导都喜欢找雅莉说话。小泽百思不得其解，论口才，雅莉并不如自己啊，为什么领导总是喜欢与她交谈呢？

在一次宴会上，小泽发现领导正在与雅莉说话，他仔细观察了一下，发现雅莉除了始终面带微笑之外，根本没说几句话，大多数都是雅莉微笑地看着领导说话，而这时领导通常也会微笑着说话，两人的距离一下子就拉近了。

宴会结束后，小泽与雅莉闲聊了起来："刚才领导跟你说什么呢？"雅莉回答说："也没聊什么，就是聊了聊他去非洲旅游的事情。"小泽有些奇怪："我看大多数都是他在说，但他却很乐意与你交谈呢。"雅莉笑了笑，说道："是的，我只是偶尔问一两句，其余的都是他在那里说，我只不过是微笑地听他说而已。"小泽恍然大悟："微笑？对，就是微笑，因为你总是面带微笑，所以不管是领导还是同事都愿意与你说话，因为你所展现出来的态度是友好

的、令人温暖的，我说难怪领导都愿意与你交谈呢，原来是微笑的吸引力。”雅莉想了想，好像真的是这么一回事。

任何一个人都愿意与态度友好的人交谈，领导也是一样，他们更愿意与那些面带微笑的下属交谈。在他们说话时，只要看到下属倾听时露出的笑容，即使他们也知道下属可能并没听懂自己所说的话，但他们却愿意继续说下去，这就是微笑带来的魅力。相反，面对那些面无表情或冷若冰霜的倾听者，领导大概只说了几句话就没有了继续说下去的欲望，而且以后他也不会愿意与这样的下属交谈。

微笑是全世界通用的语言，微笑代表温暖，代表友好，更代表内心的一份热情。反之，若是冷若冰霜、面无表情，则会让人觉得你或许不愿意倾听，或者你厌烦倾听别人的话。因此，在倾听领导说话时，微笑就是最好的回馈，哪怕在整个倾听过程中，你不说一句话，但只要是面带微笑，就给了说话者莫大的鼓励，他会愿意继续说下去。

## 听者情绪饱满，说话者更有成就感

倾听是沟通的构成部分，那将意味着倾听也有沟通的特点。任何倾听都与沟通一样，是需要交谈双方共同努力的。许多人片面地认为“倾听”就是一种姿态，你只需要作出“听”的姿态，那么倾听就算是完成了。其实，倾听远远不是这样简单的事情。倾听，不仅是听对方说话，而且还需要具有“倾听”的态度。尤其是在倾听领导说话时，下属更应该注意自己的态度问题，必须保持神情专注、情绪饱满，漫不经心、情绪消极是无法有效地倾听领导说话的，而

且，这样的态度也会让领导者觉得自己不被尊重、不被重视，从而对下属产生一些不好的看法。

在倾听领导说话时，下属的身体应向前倾，这表示你对他的谈话很感兴趣。除此之外，脸上表情专注，认真倾听领导所说的每一个字、每一个词，还需要观察领导在说话时所表现出来的表情、动作，以此才能准确地揣摩出领导话里的真意和本意。不仅如此，在倾听时还需要情绪饱满，保持一种积极的态度，表示你很乐意听对方说话。在现实工作中，许多下属在倾听领导说话时总是一副无所谓的态度，漫不经心，摆出一副唯我独尊的姿态，这样领导心中就会生出不快之感，他会觉得你并不愿意听自己说话，那么他可能就会停下来，寻找另外愿意听自己说话的下属。这样一来，保持无所谓态度的下属就会丧失与领导接近的机会。因此，作为下属，在倾听时，应该精神高度集中，神情专注，情绪饱满地听领导说话。

有一次，销售员小王与公司经理展开了有趣的交谈，一开始，那位经理就喋喋不休地谈论自己的儿子，他十分自豪地说："我的儿子要当医生了。"小王神情专注，惊叹道："是吗？那太棒了！"经理继续说："我的孩子很聪明吧，在他还是婴儿的时候，我就发现他相当聪明。"小王点点头，回应道："我想，他的成绩非常不错。"经理回答说："当然，他是他们班上最棒的。"小王笑了，问道："那他高中毕业后干了什么呢？"经理回答："他在国外学医，这孩子，我最喜欢他了……"话匣子一打开，经理就聊起了儿子在小学、中学、大学的趣事。

第二天，当小王再次打电话给那位经理时，被告知他已经决定从自己手中买车，而经理的原因很简单，他说："当我提起我的儿子有多骄傲的时候，你是那么认真地听。"

神情专注、情绪饱满地倾听，使得小王赢得了一份订单，如此看来，"倾听"确实是一个讨人喜欢的行为。倾听是一种交流，更是一种亲近的态度，而

专注的倾听更是能领略别样的风景，也只有情绪饱满地倾听才能真正地走进领导的心里。

只有听懂了别人说话的人才能沟通得更好，倾听是说话的前提，先听懂别人的意思，再表达出自己的想法和观点，才能更有效地沟通。当然，在倾听过程中，仅仅是听懂还不足以打动说话者，还需要表现出可以打动人的姿态，比如专注的神情、饱满的情绪等，这样才能真正地拉近与领导之间的距离。

布里德奇说：“学会了如何倾听，你甚至能从谈吐笨拙的人那里得到收益。”倾听并不是没有任何意义的随声附和，一个优秀的倾听者可以从说话者那里获取大量的信息。不过，倾听也是有技巧的，除了听之外，还需要保持认真的姿态，适时重复对方话语中的字眼。

当然，倾听比说话更需要毅力和耐心，需要长时间保持专注的神情以及高度的热情和积极性，这是有效倾听的关键，也是实现良好沟通的基础。假如你只是埋头玩自己的手机，或者把头瞥向一边，这样无疑会打击领导的积极性，自然他也会觉得跟你交谈并不是一件令人愉快的事情。当然，要想做到聚精会神地倾听，你应该在与领导沟通之前做好充足的准备，比如身体、心理、态度以及情绪准备，疲惫的身体、无精打采的神态以及消极的情绪都可能让倾听收效甚微。

## 用点头表达无声的支持和肯定

沟通是双向的，即便是领导，也需要在倾诉过程中得到你及时的回应。如果你不作出任何回应，那就意味着领导的话平淡无味，也就导致这次谈话无

法继续下去。因此，回应是让领导感到被支持、被认可，也是谈话继续下去的必要条件。当领导说到关键处或停顿的间隙，作为倾听者的下属，应该微笑点头，适当给予回应，以激发领导继续说下去的兴趣。在倾听领导说话的过程中，如果下属觉得领导所说的某些观点和想法很有道理，那不妨以恳切地点头作为回应，让领导感觉到自己的话语被赞成。相反，如果你对于领导的话既不点头，也不提出不同的意见，那领导只会认为你不过是在敷衍地倾听，根本没重视他所说的话。

通常在演讲大厅，我们会注意到当台上的演讲者说到某些观点和意见的时候，只见台下那些专注倾听的人则会赞许地点点头，这时如果演讲者与听众的视线交汇，则会发现彼此眼中都是欣赏和肯定，友好和热情。就好像演讲者在千百听众中寻找到可以听懂自己心声的知音，那种内心的自豪感是不言而喻的。而对于领导者的话，如果下属给予恳切点头的回应，领导者也会产生同样的感觉，他会觉得原来自己的某些看法是能够得到支持的，是被下属赞同的。这样一来，他会更愿意袒露自己内心的想法，希望能得到下属更多的支持和肯定。在倾听过程中，点头既表示一种回应，同时也是一种肯定与赞同。

小罗在公司里是一个很受欢迎的人，他常常会接到不同的邀请，而在各种社交场合，他能和许多领导打成一片。朋友小林十分敬佩他，不过，他始终没能找到小罗的秘诀。

有一天晚上，小林参加一个小型的社交活动，一到场他就看见了小罗和一个气质高雅的女士坐在角落里。他仔细一观察，发现那位女士是某化妆品公司的经理。小林发现，那位年轻的经理一直在说，而自己的朋友小罗好像一句话也没说，只是偶尔点点头。

回家的路上，小林忍不住问小罗："刚才，那位化妆品女经理好像完全被你吸引住了，你是怎么做到的？"小罗笑着说："刚开始我只是问她：你的肤色看起来真健康，去哪里度假了吗？她就告诉我去了夏威夷，还不断称赞那里

的阳光、沙滩，我表示认同地点点头。之后顺理成章地，她就开始讲起了那次旅行，接下来的两个小时她都一直在谈夏威夷。最后，她觉得和我聊天很愉快，可是，我实际上并没有说几句。”

在这个案例中，我们可以看到小罗在倾听对方说话过程中表现出来的一个小细节——点头。当对方在称赞什么或者谈论什么事情的时候，作为倾听者如果觉得这也是自己所认同的，那不妨以点头作为回应，赞成对方的话语，可以激励对方继续说下去。在现实工作中，下属在倾听领导说话时，也可以采用这样的策略，促使领导不断地说下去，而下属则可以从中捕捉到更多有用的信息。

其实，在沟通过程中，倾听是对谈话者最基本的尊重，同时，也是有效沟通的前提。懂得倾听，认真地倾听，让对方感受到你的注意力，让他觉得你对他所谈的内容很感兴趣，那么，他对你的心理距离就会缩短。而大多数人更愿意与支持自己、赞同自己的人交谈，那么，如何表现自己赞同领导的话语呢？在倾听中，我们不时点点头，那就表示我们赞同领导所说的话语。在这样友好的氛围中，领导者更容易对你产生好感。

任何一个人在说话时都希望能从中获取一种心理共鸣，也就是自己所说的话能够被倾听者理解，至少是赞同的，对于领导这样的特殊身份来说更是如此。因为在很多时候，领导的某些观点和看法都是出于总体的考虑，下属理解起来是不容易的。在这种的情况下，如果领导在说话时，发现下属点头认可自己的观点，那将是一种莫大的欣慰。因此，下属在倾听领导说话时，要善于揣摩领导者的心理，不时恳切点头，肯定和支持领导的意见，从而拉近与领导之间的距离。

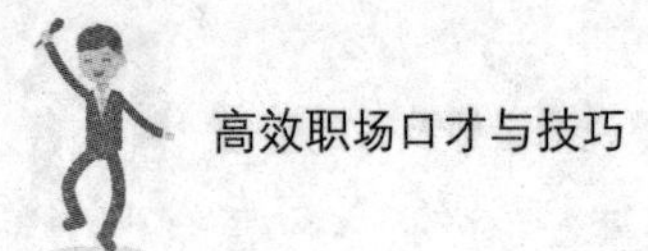



## 恰当的提问让领导更有兴趣说下去

在倾听领导说话的过程中，如果只是敷衍而木讷地听领导讲述也是不行的，还需要鼓励领导继续说下去，所以，在倾听的过程中要适时地提问，以引起领导的注意和说话的欲望。另外，一个人唱独角戏的滋味真的不好受，这让领导觉得自己没有受到足够的尊重，而且，适时的提问其实也是一种反馈行为。当领导在说某一件事情的时候，他不可能一鼓作气地说完，而在中间会有适当停顿或休憩的时间，其实这个空白就是留给倾听者作出反馈的。对于领导的话，下属肯定会有许多的疑惑或不解，不妨就以提问的方式作为反馈，比如“后来怎么了？”“当时可真够辛苦的，没想到你还是坚持了下来，是什么力量促使你支撑到现在的呢？”通过提问，领导会觉得原来你在认真听他说话。同时，领导会根据你的提问而作出相应的回答，从而更有了继续说下去的欲望和兴趣。

适当的提问表现出你对领导的谈话很感兴趣，也让领导更有兴趣继续讲下去。在倾听领导说话的过程中，我们要善于把握提问的时间。通常情况下，当领导正在诉说事情的时候，不要以提问来打断对方，而是需要等待合适的时机再进行提问，比如，领导在说完之后会有稍微的沉默，这就是最好的提问时机。当然，提问只是为了让领导继续说下去，因此，要以诚恳的态度提问，切忌以盘问、讽刺或者审问的态度。比如，“你不是挺厉害吗？这次怎么失败了？”这样的问题有点挑衅的味道，会引起领导心中的不快。

公司年会上，酒过三巡，王董事长又向别人讲起了自己的创业史，新来的同事小松并没有走开，反而把身子往前挪了挪，神情专注地听王董事长的光荣战绩：“想当年，我不过也才这般年纪，不怕吃苦不怕遭人白眼……”“您说得对，我们这一代就是缺点儿不怕吃苦的精神，看来我得向您学习啊。”小松随声附和，接着问道：“听说，您当年那会儿，做销售特别难，您是怎么咬牙

坚持下来的？”王董事长来了兴趣，回答说：“是啊，那会儿的人们哪像现在这样，有电视广告看，对于上门推销的人也很理解，那时候只要有人看着我提着袋子去敲门，他们都会将门关得紧紧的，我连个问候都来不及说出口，别人就把我拒之门外了。那段时间真是艰难啊，产品卖不出去，我就只好东一餐西一顿，每天都是勉强不挨饿……”

小松点点头，问道：“您过去的这段经验真是宝贵，那您觉得对于我们现在这样的年轻人，在做销售时，应该注意哪些问题呢？”王董事长越说越有激情：“你们啊，现在就是缺乏吃苦、学习的精神，千万别小看了你们身边的那些老同事，当时他们都是跟随着我创业的人，在他们身上有许多值得你们学习的地方，我希望你们能发扬吃苦耐劳的精神以及保持谦虚的学习态度……”

在小松的适时提问之下，王董事长越说越起劲，因为他觉得自己所说的话有人愿意听，自己就有了继续说下去的欲望和兴趣。同时，倾听者不时向自己提问，那表示对方对自己说话的重视和支持，这也可以成为自己继续说下去的动力。

在倾听领导说话时，下属要懂得适时提问。当然，在提问时不应该连续提问同样的问题。对同一个问题，一旦你问了两次或两次以上，领导就会觉得你不过是在敷衍他，并没有认真地听他讲话，对你的印象也大打折扣。此外，提出问题之后应该保持安静，等待领导回答，如果这时候你自问自答或者抢答，领导会感觉到你并没有尊重他说话的权利。若领导回答得不够完整，要有耐心听下去，也可以采用适当的语气继续追问。

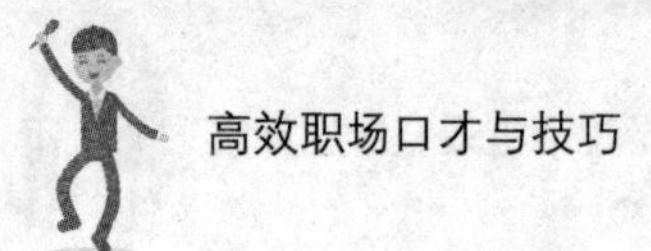



# 把握听者的礼仪分寸，令说话者不尴尬

全球知名成功学家戴尔·卡耐基说："在生意场上，做一名好听众远比自己夸夸其谈有用得多。如果你对客户的话感兴趣，并且有急切的想听下去的愿望，那么订单通常会不请自来。"其实，不仅仅是在生意场上，在职场也是同样的道理。当你专注地倾听领导说话，并适时给予一些回应，从而促使他像朋友一样与你促膝长谈时，你的职业生涯也就真正开始了。有时在职场上，前途并不是靠"说"出来的，而是靠"听"出来的。在倾听领导说话时，我们需要把握一定的分寸和礼仪，反应只需适当，若是超过了一定的"度"，就会令领导心生不悦。任何一次沟通都是双向的，即便是倾听，也是双向的，这就决定着在倾听时需要作出及时、恰当的反应。这样的反应既需要适时表达自己的想法，同时又避免喧宾夺主，切忌抢占领导说话的权利，只需适时扮演一个倾听者的角色。

小王平时很喜欢与领导打交道，尤其是听领导说话。有一次，他正在听领导说到自己的儿子，本来气氛很融洽，奇怪的是，他说了没几句，领导却借口走了。这让小王感到非常疑惑，冥思苦想不得要领。于是，他给朋友打电话，希望能从中问出端倪。

没想到，朋友听了事情的经过之后，直言不讳地说："本来领导说得很高兴，他高兴地跟你说他出色的小儿子考上了上海复旦大学，他们全家都感到非常骄傲，而你对他的话却置之不理，反而跟身边的同事津津有味地谈什么篮球赛。"小王恍然大悟，深刻地反省了自己，并以此为戒，只要是在领导说话的时候，他都会表现出恰当的礼仪，专心地倾听。

领导本来想在下属面前炫耀一下自己考上复旦大学的儿子，却没有引起共鸣，他的情感没有得到满足，所以中断了谈话。这个案例告诉我们，当一名好听众也是很重要的，尤其是需要注意自身的礼仪。要向领导表示你对他们所说

的话感兴趣，并专注认真地倾听，这样领导就会很愿意说下去。

在公司年会上，经理提议："去年春节咱们公司一起去了黄山旅游，今年大家想好了地方没有？我倒觉得三亚不错，那里气候适宜，风景优美……"经理话还没说完，公司职员小张就抢走了话题："三亚去年夏天我已经去过了，我倒觉得云南不错，到处都是风景，像大理啊、昆明啊，这些地方都好出名的，而且云南四季如春，正适合咱们去呢，大家说是不是？"小张不仅将话题抢了过去，而且还说得津津有味，经理面子上有些挂不住，表情也显得很不自然，但小张根本没注意到这些，只顾自己说。

在倾听领导说话过程中，不要随意打断领导的话，这一点是相当重要的。随意打断领导说话会打击领导的热情和积极性，而且这也是一种不礼貌的行为。尤其是当领导情绪不佳的时候，打断他的话无疑是火上浇油。因此，在领导说话时，下属最好不要随意插话或接话，更不要不顾领导喜好更换话题。有时在倾听过程中，领导的某些观点可能会有失偏颇，也可能不符合你的口味，但是作为下属应该记住：领导毕竟是领导，即便是他不对，你也不能直接批评或反驳他的观点。

在倾听过程中，态度不够认真，如玩手机，或跟身边的人聊天，这算是有失礼仪；如果抢过领导话题，自己开始大谈特谈，或者随意插话，直接反驳领导的观点，这就是反应过度了。这样的一些行为都会让领导心生反感，因为他感觉自己的话被无礼地打断了，感受不到下属的尊重。

# 第四章　因人而异，倾听不同类型说话者的方式

在我们身边，有各种不同类型的领导，他们的说话方式也是有所差别的。面对这些领导，下属应该选择不同的倾听方式，以便准确地把握领导话里的真意和本意。

## 面对急躁的说话者只需安静倾听即可

在我们身边有一些严厉、性格比较急躁的领导，由于性格的原因，导致其说话方式不同，他们通常会以命令的方式说话，比如“把这个资料传下去”“上次那个文件，赶快给我交上来”，语气比较严厉，语速比较快。

在这里我们所说的严厉型领导，主要指的是工作上严厉，也就是仅仅出于工作的需要，表现为语言上的威慑力。在日常工作中，领导的权力越大，职责越重，压力也就越大。但人的精力总是有限的，当领导将主要的精力都放在工作上时，作为下属，就不需要苛求领导疏导自己情绪。当下属倾听严厉型领导说话时，不仅需要保持静心的姿态，而且还要反思自己：是否自己的工作能力达不到领导的要求；是否自己的工作效率跟不上领导的节奏；是否自己的工作主动性欠缺。从自身找问题，从而逐渐提高自己的工作能力。如果你的工作能力真的比较强，那严厉型领导也不会再说什么苛刻的话了。

小雪的领导是公司负责研发的副总，不仅是一个典型的工作狂，而且非常严厉。当他向小雪交代工作时，总是用一种不耐烦的口气说话：“打一下这个！”或“复印10份”，从来不会说“请帮我打一下这个”或“劳驾帮我把这

个复印10份”。刚开始的时候，小雪十分不习惯领导这种家长式的工作作风，每次接受工作之后都要在心里嘟囔“我是秘书又不是你的丫环”，甚至多次产生了辞职的念头。有次她在复印之后，把材料往领导的办公桌上一扔扭头就走。

没多久，领导让小雪去他办公室，小雪心想，自己反正要辞职了，姑且听听这位领导怎么说吧。于是，小雪去了办公室，打算整个过程不说一句话，就看领导怎么说。领导一边整理文件，一边说：“小雪，你来公司好几个月了，我觉得你好像并没有认真听我说话，总是一副漫不经心的表情，这样的态度我最看不惯了，我说什么，你就应该听什么，听完了就应该按照这个去办……”小雪没吱声，假装表现出一副顺从的姿态。过了一会儿，领导的话锋突然转了，他说：“这次就说到这里吧，其实你工作一向不错，我挺看好你的。”小雪有些惊讶，没想到这位严厉型的领导原来并没有想象中那样难以接触。

在现实工作中，有的领导显得非常严厉，动不动就训人。其实，这样一些外表盛气凌人的领导并没有想象中那样难以相处，他们所看重的就是下属的顺从，尤其是当他在说话时，若下属表现得心不在焉，或是漫不经心，领导就大为恼火。相反，如果在领导说话时，下属表现得很安静且顺从，那领导觉得这个下属还是蛮不错的。

在倾听严厉性急的领导说话时，千万不要表现得不耐烦或者是心不在焉，这会刺激严厉性格的领导，他们会觉得你不尊重、不重视、不顺从他的意见。对此，在倾听的时候，下属应该像坐在课堂里的学生一样，静心顺从地听他说话，仔细理解话里的真实含义，如此才能更好地完成工作。

# 面对寡言的说话者需理解每一个词

在日常工作中，我们经常会遇到这样的领导：沉默寡言，很少说话。当然，领导之所以有这样的特征，有可能是自身性格比较内向，也有可能是出于领导这样的特殊身份。因为人一旦可以在一群人面前无所顾忌，他自己的行为自然就会放纵一些，有的领导之所以不愿意多说话，也是为了保持自己作为领导的稳重。既然领导的话太少，那下属能够倾听到的言语就更少了。生活中许多东西往往是物以稀为贵，也就是说越是不怎么说话的领导，他偶尔说出的一些话那就是绝对的金贵，容不得下属错过或漏听。因此，在对待沉默寡言的领导说话时，作为下属，应该认真倾听，听清楚话里的每一个字、每一个词，以此才能准确地了解领导内心的真正想法。

沉默寡言的领导通常会有这样一些行为特点，在工作中若是有下属向他汇报工作，他一般会“嗯”“好的，你把文件放在这里吧”“哦”，他很少会面对下属高谈阔论，甚至多说一句话的情况也是少有的。这样的领导通常都会以正常的工作程序来传达自己的意见，或是直接吩咐秘书安排工作。可能是由于性格上的原因，他们不擅长与人打交道，也不愿意在人前多说话。对于这样的领导，下属倾听的机会是很少的，因此，一旦他开口说话，那必定是难得的，而且其说话内容也是极其重要的。因为对于沉默寡言的领导，下属了解的机会太少了，只能通过其只言片语了解一二，这将意味着其话语中的每一个字词都需要认真倾听，稍有不慎你就会听错或听漏，这样就更难以对领导进行详细地了解了。

王总个性比较内向，鲜少说话，基本上在公司大会上只是将主要的工作安排完了之后就会宣布“散会”，多的话一句也不说。这对于其公司的下属来说，难以听到王总平时所说的话。大家对于这位沉默寡言的领导既敬畏又无奈。通常情况下，下属若是提交工作报告，王总也只是简单的一句话：“先放在这里，我看过之后会让秘书交给你。”

公司职员小李觉得要想了解王总，就应该认真倾听他说话的每个字词，不漏掉一个字、一个词，这样才能准确地领会其话里的意思。

有一次，小李有幸与王总一起出差，他觉得这次完全可以通过王总的说话来对其作一个详细的了解。在飞机上，小李小心地询问："王总对于这次出差的项目有把握吗？"王总笑了笑，点点头。小李继续问："我就知道王总一出马，肯定啥事都能办成。"王总终于开口了："别这样想，年轻人，我也不是什么事情都能做好的，只能说我们需要尽力。这次项目如果能做好，就可以解决公司的融资问题，这对于我们整个公司来说都是很重要的，因此，到那边正式谈判时，一刻都不能放松。"瞧这话说的，原来领导工作很认真，而且还蛮谦虚的嘛，小李心想。

对于沉默寡言型的领导，不管是他安排工作，还是平时的闲聊，我们都需要字字听取，通过那只言片语来了解领导的方方面面。在上面这个案例中，王总是一个话很少的人，因此即便是路途中所说的几句话，也可以成为下属小李了解领导的突破口。果然，通过王总所说的那几句话，小李可以了解到他是一个工作认真、谦虚谨慎的领导。对领导有全面的了解，下属才能高效地与领导相处。

对于沉默寡言型的领导，我们需要认真听取其鲜少的话语，通过这些少量的语言，下属不仅需要了解领导的工作风格、性格特点，而且更需要了解具体的工作安排。因为对于沉默寡言的领导来说，他们会尽量用很少的语言来说明很多较为复杂的事情，可以说是惜字如金，有可能对于一件工作的安排，他们只是寥寥数语就交代完了，但下属有时却不太明白其中所表达的意思。所以，下属在倾听这类型领导说话时，需要一字一句听清楚，只有听清楚他在说什么，才有可能领会到其中的含义。

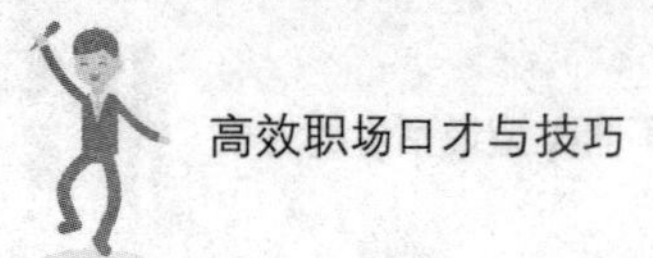



## 面对话多的说话者要会听重点

在工作中，我们经常看到一些领导喜欢说话，他们几乎是逢会必说，每说必长，而且一开口就是漫无边际，好似滔滔江河不绝。这样的领导说话有些啰嗦，在他们看来，在会上发言是一种特殊待遇，如果不说就会失掉身份。但对于这样的说话有没有效果，他们根本不会去关心。有时候针对一个问题，这样的领导语无伦次，绕了大半天，还是不着边际，不得要领。倾听这样的领导说话，下属更需要配合领导说话的特点，从倾听中获取更多有用的信息。听这样的领导说话，下属就应该像一个过滤器一样，对于多言多语的领导，学会挑出其中的重点听，摒弃其中没有任何内容的东西。这样你才能真正听懂领导所要表达的意思是什么，也才能更好地落实到工作中。

公司部门的一个经理特别啰嗦，下属只要一进他的办公室，没有半个小时出不来。如果是销售人员进去，那最起码是一个小时。他还有个习惯就是喜欢临下班时找人进去汇报工作，一拖就是一个小时。许多下属摸准了这个习惯，通常是有事去找他就在办公室门口站着，一手拉着门，做好了随时走的准备。如果经理硬是要下属进办公室说话，下属也是站着，让他坐也绝对不坐，因为只要屁股落在凳子上，没半个小时是起不来的。此外，如果下属找他说某件事，他却能七绕八绕地将其他的几件事都说了，却还是没说到那件事情，常常是一句话重复几遍。

不过，办公室新来的职员小张却表示听经理说话毫无压力，这让许多同事大跌眼镜，纷纷追问：“你是怎么办到的？竟然乐意听经理说话。”小张笑着说：“其实，经理说话最大的特点是啰嗦，也就是重复来重复去，但其核心思想也就那么几个，我通常在听他说话时都是注意听其中的重点，其余的一概忽略。就像昨天临下班前，经理把我叫到办公室，他一开口就是‘小张，你的专业不错，但还是需要虚心向身边的同事学习，尤其是办公室里的老王，他可是

做企划案的一把手……’后来啰唆了一大堆，无非就是让我多向老同事学习，结果他还说到了自己工作时期的事情，反正扯得很远，我也就随便听听，不时点头，微笑，就这样，大概坐了半个小时，他就让我走了。其实，听这样的领导说话，千万不能表现出不耐烦，挑重点听，一旦他说完了，也就不会再说下去了。如果你表现得很急，他估计还会说更多。”

有的领导在说话时，总是主观性地画蛇添足、添枝加叶，其实这是赘语过多造成的。因为赘语占据了表述时间，干扰了信息交流，因此才有领导通常说了一大推，但却还是没涉及重点。对于这样的情况，下属应该拿出自己的耐心和毅力，保持倾听的状态，但在倾听过程中，要忽略掉话语中的赘语，记住重点内容，了解领导话语中的核心思想即可。

有的领导在进行语言表达中经常下意识地重复已经说过的话，这样就会给听众一种啰唆好笑的感觉。但是，作为下属，如果观察到领导有这样的语病，不要讥笑，而是暗自将那些重复过的内容摒弃，选择话语中的重点听，这样你就会明白领导到底表达的意思是什么。

当然，可能不少的下属会反映，遇到这样多言多语的领导真是崩溃，十分钟可以说完的话，结果他硬是花了一个小时。虽然我们不能否认这样的领导在语言表达中存在着种种问题，但他毕竟是领导，如果你总是怀着消极的情绪对待，那只会越来越听不懂领导话里的意思。领导与下属，永远需要下属去配合领导，因为领导只有一个，而下属却是不计其数。所以，如果领导说话比较啰唆，也不要厌烦，挑其话里的重点听，偶尔也可以开开小差，这样既听懂了领导的意思，又很好地维护了领导的面子。

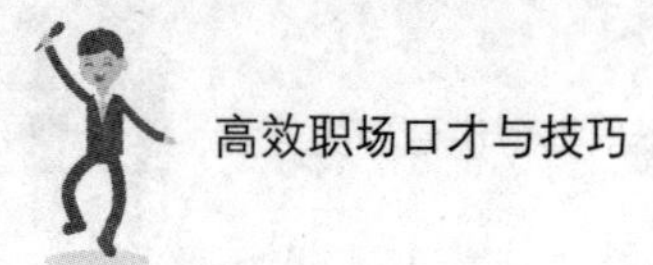


## 领导爱挑剔，记住忠言就好

在现实工作中，我们经常会遇到“毒舌”类型的领导，可能用“毒舌”来形容太过于夸张了一点，但这样的领导平日最大的爱好就是喜欢挑剔，他们总是喜欢“鸡蛋里面挑骨头”，无论下属的工作做得有多么完美，他都会进行百般挑剔，所说的话句句犀利，有些脸皮比较薄的下属可能会被说哭，甚至会有辞职的想法。其实，对于这样的领导，还是有独特的聆听方式的。作为下属，面对这样的领导，当他在数落你的时候，你要端正自己良好的心态，不要太介意他的批评和打击，也许挑剔就是他习惯的一部分。此外，有些领导太过挑剔，可能并不是其本意，他也只是为了工作考虑，有可能下属某些工作真的做得不够好。当然，说话太犀利是有点让人难以接受，但所谓没有打击就没有动力，作为下属不要太在意领导话语中的犀利词语，而是学会辨其话语中的忠言，改正自己，争取将工作做得更完美。

办公室经常讨论的话题就是“毒舌”领导，同事们经常会感叹：“毒舌领导，你让我的自尊何处安放。”有的同事直言不讳：“我已经到了崩溃的边缘。”另外一位深受其害的下属也表示：“士可杀，不可辱，事不过三，再有一次类似的情况我坚决跳楼，不，跳槽！”原来，领导是一个喜欢打击人的“毒舌”，不管是犯点小错误，还是看不顺眼的小事，领导都会打击、调侃一番，而且那些语言十分苛刻犀利。

这不，刚刚毕业的小雨就遭遇了“毒舌”领导的打击。小雨本身是成都人，想在重庆找工作。对于这样如此平常的事情，领导也问：“你是成都人，为什么要到重庆找工作呢，成都不也有很多公司吗？”还好小雨并没有在意领导话语的犀利，而是真诚地回答：“因为我妈妈就是重庆人，我特别想回重庆工作，也希望给老家贡献一份微薄的力量。”似乎对这样的回答还算满意，领导就没再说话了。

不过，才上班不到一个月，小雨更是见识到了同事所说的“毒舌”。前不久小雨接待一个客户，由于自己准备不充分，让本来已经决定签单的客户变得犹豫起来，虽然最终还是拿下了订单，但领导却较上了劲：“你这么大个人，除了吃饭还会做什么？”小雨差点委屈地哭了，但她更明白，领导这样说话并不是真的贬低自己，而是以挑剔的方式指出自己工作的失误之处。因此她并没多说什么，而是回答说：“真的不好意思，在今后的工作中，我一定做好充足的准备。”

在工作中，很多时候领导是正在气头上，说话难免有点口无遮拦，也没考虑到下属的面子，这是情理使然。通常领导们会有这样的犀利语言来打击下属“你写的方案还不如我念小学的女儿”“你做事的速度比乌龟还慢”“让你做个策划，你那个表情比便秘还痛苦”“你一天板着脸，是我欠你钱了？”等，不可否认，这样的语言确实比较伤人，但作为下属，更应该学会辨识话语中的忠言，比如“你写的方案还不如我念小学的女儿”，其本意是说“你的方案写得太糟糕，你应该好好努力改进”。

通常情况下，喜欢打击下属的领导一般都是追求完美的人，可能他们在语言表达上不太注意下属的感受，而是有什么话就一吐为快。看到下属在工作中出现了错误，他们内心是恨铁不成钢的，因此，才会将那种急切、愤怒的情绪通过语言表达出来。当然，如此表达出来的语言是不太中听的，有可能太过苛刻或犀利，甚至有可能把某些话说得太绝对。在下属看来，好像自己因为某个小错误就受到了领导的全盘否定，这确实是比较委屈的。但是，如果你换个角度思考，领导的话可能说得太苛刻，但其本意却是好的，他希望你能将工作做得更完美，让他再也挑不出一丝毛病来。

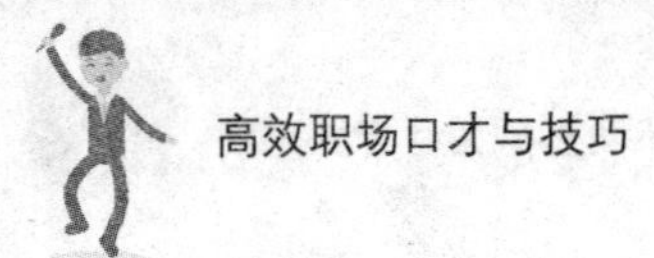


# 虚心接受领导的赞扬和鼓励

相较于那些说话喜欢打击下属的领导，有的领导则格外照顾下属的情绪，他们更喜欢赞扬下属，有时候即便是一个微不足道的优点或长处，领导也毫不吝惜赞扬，在他们看来，赞扬下属是一件很有意思的事情。在平日的工作中，他们更愿意去发现下属身上的可贵之处，赞扬其优点和长处，促使其付出更多的时间和精力来为公司效力。面对这样的领导，作为下属，若是听到领导在赞扬自己，那更应该以虚心的态度倾听，以此才能博得领导的好感。但在实际工作中，有的下属觉得受到领导称赞是一件了不起的事情，是一件特有面子的事情，因此，他们在受到领导赞扬时通常会表现得异常兴奋，想更多地展现自己的优点和长处，这样一来，稍有不慎就会弄巧成拙，反而让领导看见自己虚荣的一面。对此，面对领导的赞扬，最恰当的办法就是保持虚心的倾听态度，听出领导话里的期望，在工作中继续努力，以求在以后的工作中做出更大的成绩。

尽管某些领导在工作中很喜欢赞扬下属，但并不意味着他喜欢那些骄纵跋扈的下属。他们更愿意看到下属能够认真对待自己的称赞，虚心接受，努力做到尽善尽美。因为领导赞扬下属的本意是为了激励下属，有时候领导更是为了赞扬而赞扬，可能只是一件小事，但领导却愿意以赞扬来激励下属不断进步。对于这样一些赞扬，如果下属内心比较虚荣，听了领导的几句好话就开始飘飘然，开始目中无人，骄纵跋扈，那根本不是领导所想要的结果。

公司张经理喜欢赞扬下属，不管是大事还是小事，只要下属能够认真完成，他都会送上一句称赞的话："做得不错。"即便是在现实工作中，张经理碰到秘书也会称赞一句："你今天的讲话稿写得不错，很有进步。"遇到公司门口的保安大叔，也会肯定一句："工作辛苦了。"似乎他总是能轻易发现下属的优点，然后就会逐一称赞。刚开始，大家听到张经理的称赞觉得很高兴，总是虚心地听他说话。可时间长了，他们发现称赞是张经理的一种习惯，于是

大家渐渐地不再那样高兴了，甚至觉得张经理的称赞是缺乏真诚的。

这天公司来了一位新职员小松，他刚刚大学毕业，是一个谦虚谨慎的大男孩。当张经理拿到小松的个人简历，就忍不住称赞：“你们大学我去过，确实不错，不论是环境还是师资力量都令人称赞，我想从这里毕业的大学生肯定非常优秀。”小松谦虚地低下头，小声回答说：“您过奖了。”看到小松的反应，张经理十分满意，说道：“如果年轻人都像你这般虚心，我想他们找工作肯定不是难题。”

虽然对于这种类型的领导来说，称赞下属已经变成了一种习惯，但我们不应该怀疑其称赞的真诚。虽然他的出发点大多数是为了工作，但是一个毫不吝啬称赞下属的领导，表示其本身是善于发现别人优点的。因此，对于这样的领导，下属应该从倾听中感受到其真意，保持虚心的倾听态度，从而赢得领导的青睐。

通常情况下，喜欢肯定下属、赞扬下属的领导，他们更愿意看见虚心、顺从的下属，因为他们称赞的本意是希望下属能够继续努力，将工作做得尽善尽美，而不是助长下属的虚荣心。因此，下属若是听到领导的赞扬，不要自满，更不应该表现出嚣张的行为，而是需要虚心听其说话，领悟领导话里所暗含的期望，把它当作自己努力工作的动力。

## 面对慢性子的说话者多点耐心

在现实工作中，有许多“温吞”型的领导，也就是他们说话语速过慢，就好像我们常说的“拉长腔”。领导在说话时，节奏过于缓慢，给下属的感觉是死气沉沉、毫无生气。如果是这样的领导说话，许多下属听着听着就会昏昏欲睡，于是，上下级的交流就成了问题。这种问题的出现有两方面的原因：一方面在于领导说话在语句之间停顿的时间太长，半天才说一句话，他们大多养成了说话时间长、速度慢的语言表达习惯；另一方面在于下属没有足够的耐心，“温吞”领导除了说话比较慢之外，并不存在多大的语言表达障碍，在这样的情况下，只要下属多一点耐心，既然领导说话慢，那就慢慢听。这样一来，我们定能够听懂领导说话的意思。

许多领导对下属说话总是慢条斯理，其实这是有原因的。有的领导之所以说话比较慢，除了其自身的语言表达原因之外，还有这样三个原因：一是性格比较温和；二是由于说话经常不用稿子，需要充分思考，准确表达自己的思想感情；三是所说的每一句话都是带着感情的，而缓慢的语速更能表达出自己的感情。领导说话，一旦语速慢了下来，自然就可以增加思考的时间，可以加强语言的感染力与领导魅力。许多领导深谙此道，他们在不知不觉中就会将语速慢下来。作为下属，虽然不是很明白为什么领导说话总是那样慢，但是面对这样的领导，你依然可以改变自己的倾听态度。既然领导说话缓慢，那就拿出自己的耐心，慢慢听其说话，相信你定能准确领会到领导所表达的真实想法。

已到不惑之年的李主任平易近人，受人尊敬，不过，很让下属受不了的是他说话太慢。每每遇到下属，他说话总是慢条斯理，娓娓道来，语速总是很缓慢。他通常开口就是：“小张啊，我觉得你最近工作中出现了一些问题。”紧接着是短时间的停顿，而坐在他对面的小张却是着很着急，很想听到“自己到底出现了什么问题”。等了一会儿，李主任才开口：“其实，你这个问题我早就发现了，只是工作比较忙，也没找你细说。”说完，又停了下来，小张真的想站起来大喊：“到底是什么问题，你一两句就说了吧，真是慢得急死人了。”通常跟李主任的对话都是这样，对于一些性格比较急躁的下属就会不停

地追问："什么事情？什么事情？"结果越是追问，李主任越是说得慢。

案例中的李主任无疑是说话缓慢的典型代表，他们好像一边在思考，一边说话，而且似乎还留给了下属一定的思考时间。但在现代社会，人们生活节奏比较快，面对这样不温不火的领导，下属们就受不了，总觉得听领导说话就好像在浪费自己的时间。

如果下属脾气太急躁，往往听了领导的前半截话就走，就很容易在工作中出错。对于领导所表现出来的特质，下属应该积极配合，既然领导说话慢了一点，那就多花一点时间，耐心倾听其说话。

经常有下属抱怨：领导说话为什么那么慢呢，说完上半句，下半句就要等上半天。大多数领导比较注重官腔，如果说话太快，有失自己领导的身份；还有的领导担心自己说错了，因此他们一边思考一边说，难免会慢一点。此外，有的领导说话比较慢，其实也是考虑到下属的接受能力，如果说话太快却表达不够清楚，这对下属落实工作也会带来很多的麻烦。对于这样一些理由，下属更需要拿出耐心，认真听领导说话，切实理解领导的意思。

## 听懂领导说话时所举例证的意义

在日常工作中，有的领导是实操型领导。顾名思义，也就是注重实际工作的操作性，他们在部署工作时，通常会以实际的工作例证作为模型，通过讲述实际的工作例证，试图让下属们明白其工作的具体操作流程。下属在面对这样的领导时，需要牢记其说话时的工作例证，领导在话中列举了什么样的例子，通过这些例子，你才能弄清楚工作的具体操作流程是怎样的，也才能在具体工

作中准确地按照领导的意见去完成。对于实操型领导来说，他们在说话时并没有过多的修饰，而着重实际工作，他们更愿意看到下属们能够按照自己的要求完成工作。因此，在他们的说话中，没有特别多的对具体的工作安排，而是通过列举一些其他人在工作中的例子，以此希望下属能够以此为戒。

通常大部分的领导都是指挥型领导，也就是向下属传达任务或命令，领导者本身不涉及工作的操作，他们只是在下属完成工作之后予以验收，从而提出适当的建议。而实操型领导就好像我们常说的“教练型”领导。比如，在足球比赛中，教练员的主要工作就是认真观察场上形势，快速作出反应，并采取相应的策略。球员配合是否到位，动作是否合理，在中场休息时指出这些问题，及时反馈。这时教练员既要为团队设目标，又要为每个人设目标，并对每个球员的行为进行修正。而在一个公司或企业中，教练型的领导所做的工作差不多是大同小异的，在工作执行或部署中，领导会像教练一样手把手地指导下属，通过实际的工作例证来说明具体的操作问题。

在公司大会上，总经理说到了最近销售部门出现的问题：“据我所知，上个月是咱们公司接到投诉电话最多的一个月，具体原因我不知道为什么，但是我只需要告诉你们一点，那就是在处理客户投诉时一定要换位思考，站在客户的角度去思考问题，弄清楚客户为什么会投诉，为什么会生气，是不是真的是自己做得不够好，切忌以毫无礼貌的方式来处理客户的投诉。”说着，总经理眼睛扫视了台下的职员们，停顿了一秒钟。

接着，总经理继续说道：“在这里，我不得不列举一个例子，就在前天，我一个亲戚购买了咱们公司的产品，在他使用产品的第一天就出现了问题，所以他打电话给公司的售后部门，想问清楚这是怎么回事，没想到我们当时值班的工作人员仅仅以一句话就搪塞了过去。当时，那位员工是这样说的‘我不知道产品会出现这样的问题，是不是您自己的原因，因为您是第一个打电话来投诉的人’。在这里，我也不想指出那位员工的具体名字，但我想问大家，真的

是这样吗？面对顾客的投诉，我们需要礼貌对待，搞清楚问题究竟是什么，然后及时想好对策，目的只有一个：那就是帮助顾客解决问题，而不是人为地设置公司与顾客之间的沟通障碍。”

在经理说话的过程中，职员小王一直很注意地听领导所讲述的工作例子，并在不断地回忆自己在工作中是否出现过这样的问题。这是因为小王在跟随经理工作的一年多时间里，他早就看出来经理是一位实操型领导，他只注重工作的实际操作性，其余的他倒是不怎么在意。

通常情况下，实操型的领导在说话时会列举一些发生在日常工作中的例子，以此给下属一些工作上的启示。这样的领导大多是经验主义者，他们会不断地收集工作中出现的正面例子或反面例子，并将其应用到说话过程中，以此来提醒员工在实际工作中所需要注意的或应该遵循的原则。

在工作中，实操型领导在说话的时候，真正用理论论述的时间比较少，他更多的是用实际例子说话。对此，作为下属，在倾听领导说话时，需要特别注意领导者在说话时列举的工作例证，仔细分析工作例证中的问题，是正面例子还是反面例子，只有认真分析了之后，你才能在实际工作中避免失误的发生，并促进工作有效地进行。

# 第五章　区别对待不同领导的口才技巧

日常工作中，“领导”所包含的身份也是挺多的，不仅仅指我们的直管领导，还包括了各个不同级别的领导，比如人事部门的领导、正副领导以及最高领导。我们在倾听不同领导说话时，既要分析各级领导的说话角度，加深理解，又要权衡利弊，有选择性地听取领导的话。

## 维护自己直管领导的面子

作为下属，应该优先听从直管领导说话。何谓直管领导？也就是直接负责我们工作的领导，直接管理我们的领导，我们与直管领导之间存在着直接管理和责任问题。也就是说，这位领导与自己有直接的关系，比如，我们每天都需要向他递交工作报告，有可能每天都需要向他请示与工作相关的问题，当然，可以说他是我们见面最多的领导，也是我们最为熟悉的领导。虽然直管领导对于我们来说很熟悉，但是，在工作中，我们还是不应该忘记了上下级之间最起码的工作职责，那就是优先听从其说话，这不仅是一个下属应该做好的本分，而且还会有效地维护领导的面子。如果直管领导知道你对他的话很重视，那他会对你心存好感，在工作中也会格外地照顾你。

在现实工作中，由于下属与领导太过熟悉，经常会看到他们与领导之间说话嘻嘻哈哈，常常开玩笑，甚至会与领导讨价还价，与领导谈条件。实际上，这都是一些不妥当的行为。当然，我们非常提倡下属与领导打成一片，但并不

是说可以在工作上与领导谈条件，或者是不怎么听从领导的工作安排，这种行为会削弱上下级之间管理与被管理的关系。下属与领导，首先是管理与被管理的关系，其次才可以是朋友。也就是说，在工作中，下属需要听从领导安排，而且是优先听从，这是下属的职责，更是对直管领导的尊重。优先听从直管领导说话，也就是说，当直管领导与其他的领导同时在说话时，你需要遵循的原则是：优先听从直管领导说话。因为你是直接向直管领导负责，而不是向其他的领导负责。

早上，办公室主任老张将小王叫到了办公室，向他安排当天的工作："小王，上午你只为我做一件事情，这里是上级传下来的学习文件，你赶快去复印100份，盖上咱们办公室的印章，将其中的20份通过传真传给其他的分公司。这个文件很急，所以你务必在上午完成任务，现在我将文件以及分公司的传真号给你，你赶快去办吧。"小王接过文件，点点头转身走了。

过了许久，老张想看看小王工作得怎么样了，去了一趟文印室，结果发现小王人也不在，那叠文件还放在那里。老张有些生气，赶紧打电话给小王："你去哪里了？赶紧回办公室。"不一会儿，小王气喘吁吁地跑到办公室，问道："主任，有什么事吗？"老张十分生气："早上才吩咐你干的事，你在干啥呢？文件还放在这里，你到底干什么去了？"小王解释说："销售部门范经理让我帮忙送一个文件，也不远，我想做完了回来还有时间，就去了。"老张听了更是火冒三丈："小王，你记住你是我的下属，对于我的话，你应该优先听从，而不是先听别的部门领导的，还为他们做事，你是直接向我负责，知道吗？"小王低下头，不吱声了。

在案例中，对于直管领导的工作，小王并没有拒绝，但是在执行过程中却出现了一个问题，面对其他部门的领导提出帮忙的要求，小王竟撇下自己部门的工作，先将别的部门的事情做好了。当然，小王在这件事上所表现出来的助人为乐的精神是好的，但是公司并不需要下属的这种精神。作为下属，就应该

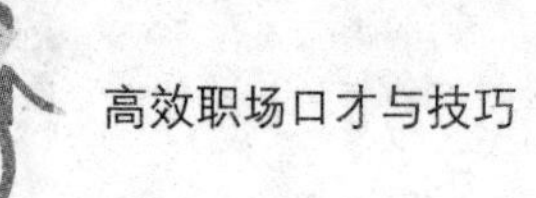


优先听从直管领导的话，认真完成直管领导安排的工作。

优先听从直管领导说话，意思就是在所有的工作中，应该优先完成直管领导吩咐的工作，即便是在最高领导面前。因为无论怎么样，你的工作是向直管领导负责，哪怕你为最高领导做了某些工作，但你还是直属于自己的直管领导。此外，在所有关于工作的部署中，你也应该优先听取直管领导的意见，而不是其他领导的意见，你的工作完成得如何，是需要直管领导来评价，而不是其他的领导评价。因此，在工作中的任何时候，我们对于直管领导的话，都需要优先听从。

## 法务部门的话要牢记在心

在一些上市公司或大型的企业，都设有相关的法务部门。通常来说，法务部门的核心工作包括：代表公司处理公司法律纠纷，维护公司合法权益；拟定并完善公司规章制度、各种合同等相关法律文件，提出法律化文件；对公司知识产权进行保护，维护公司自主研发的品牌；必要时参与公司商务谈判，对公司重大决策进行风险评估并建立有效的风险评估机制；推动公司上市，扩大公司影响力；代表公司追讨债务，必要时进行诉讼维权，保障公司资金正常运转。一个公司或企业的发展壮大，不仅需要领导高层果断的决策，而且还需要公司完善的法律化建设，只有这样才能够推动公司上市并为公司的长远发展以及公司法律权益的维护打下良好的基础。对于公司来说，法律为基石，自然而然，法务部门的话就是准则。作为下属，不管你隶属于哪个部门，你的直管领导是谁，但在工作中与法务部门打交道的时候，应该认真倾听他们的建议，并

将此作为工作的准则。

在平日的工作中，法务部门的工作内容有这些：定期对员工进行法律培训、宣讲，增强公司员工法律意识；拟写、审阅、管理公司各种合同文件；处理公司日常法律咨询工作；制定系统的商业风险有效评估机制；利用个人资源解决公司法律纠纷，维护公司合法权益；配合公司相关部门完成公司上市计划；对公司日常经营管理提出法律建议；代表公司追索债款。在实际工作中，法务部门的功劳也是不可忽视的，比如签署一个合同或合约，应该先交给法务部门把关，验证这份合同是否具有法律效应，以免其中有漏洞，这对员工的日常工作也算起到了保障作用。

对于那些不懂法律的员工，需要认真听取法务部门的意见，千万不要自以为什么都懂，结果却是漏洞百出。

从某种角度来说，法务部门不仅仅是为公司服务的，有时也是为员工服务的。比如法务部门所负责的《劳动法》中劳动合同的制订、履行，用人单位以及劳动者的权利义务以及劳动者的社会保障等一系列制度的完善，这些都是站在员工的角度考虑的，给予员工应有的权利以及保障。因此，对于法务部门所说的话，我们应该认真听取，并将此作为重要的工作准则。

## 灵活应变，有综合多位领导讲话的能力

在日常工作中，最令下属头疼的事情就是面对几位领导说话，这时候到底该听谁的呢？如果只听从其中一个领导的意见，那无疑会得罪其他领导；如果都听他们的，但几位领导的意见毕竟不统一，这时该如何办呢？实际上，下属

在听多方领导说话时，应着重获取其中异同点，也就是收集多方领导语言表达中的共同点，分出其不同的意见，再看看这些不同的意见都是分别出自于哪个领导的，逐一权衡，才会得出最终的结论。当然，在这个过程中的工作是极其繁杂的，也是很费脑筋的，因为你不仅需要认真听每一位领导说话，还需要记住他们所表达的建议和想法，再综合领导们的意见，最后权衡到底听哪种意见。尤其是遇到其中的某两位领导之间有矛盾，那就更糟糕了，因为你免不了会得罪其中的一位。实际上，作为下属，你不能擅自作主决定听谁的，但你可以把所有的意见都综合起来，找出相同的，那差不多就算是这几位领导共同的意见了，至于不同的部分，你可以逐一请示，征求相关领导的意见。

下属同时听多方领导说话，最忌讳的是只听一个领导的，这时你将其他领导的面子搁在哪里呢？或者说只听其中一两个领导的，忽视其他领导的，这都是下属很容易犯的错误。既然是多方领导，那表示他们职位的高低是差不多的，因此，在听取多位领导意见时，需要遵循的原则是：综合他们的意见，将他们共同的想法归纳起来，至于他们所提出的不同意见，你可以继续征求领导们的意见，以求达成最后的共识。这样才是妥善的处理方式，既表示你尊重了他们所有的意见，又给足了所有人的面子，因此，对你最后的综合意见，领导们应该是极力赞同的。作为下属，在听领导说话时，该有的智慧还需要具备，灵活多变，着重获取几位领导的异同点。

小张作为员工，参加了几位不同部门领导所主持的研讨会议。主要是针对公司最近新推出的一个项目——巨新产品，在座的有生产部门的领导、销售部门的领导、市场部的领导以及行政办公部门的领导。

研讨会议一开始，生产部领导就发言说：“对于这个产品，我们部门正在加紧赶制，质量方面，那天上级领导也去视察，都挺满意的，我自己每天也去视察车间工作，争取将每件产品做得完美。我本身是负责生产部的，对于市场、销售也不太懂，但直觉告诉我，这个产品应该会轰动市场的。”这时市

场部领导说话了："你的直觉一向不怎么准啊，上次说那个什么产品会一炮而红，结果还不是失败了。我最近考察了市场，打算将产品定位在年轻人身上，因为他们朝气蓬勃，适合这样的产品，我的计划是先做做宣传，打开市场局面，之后的工作就看销售部了。"

销售部领导又提出了不同意见："你的市场定位要做得准确，我觉得除了年轻人，稍微成熟一点的中年人也是蛮适合的，部门几个跨入中年的同事，听说了这个新产品，都有想试一试的冲动呢，我们部门最近正在制定销售策略，如果你们市场定位比较准确的话，那销售应该是没问题的。"

听完了三位领导的发言，只见小王在记录本上记着："产品生产方面已经没什么大的问题，质量有所保证；至于市场这一块，宣传、打开市场，这都是市场部门相应的工作之一，定位方面存在一点小问题，到底是定位年轻人还是年轻人和中年人呢？在销售方面，正在制定销售策略。"

案例中，小王的会议记录综合了三位领导的意见，如此的倾听算是有效的，没有偏袒任何一位领导，也没有仅仅听从哪一位领导，而是将三位领导所说的异同点都听了进去，这对于实际工作的展开与执行是很有帮助的。

在日常工作中，我们经常听到这个领导这样说，那个领导那样说，到底该听谁的，自己也搞不清楚。对于这样的情况，我们应该将他们的意见综合起来，着重强调其异同点，也就是所谓的求同存异，这就算是听从了多方领导的意见，这样的方法对调和领导之间的关系以及实际工作的展开都是有重要作用的。

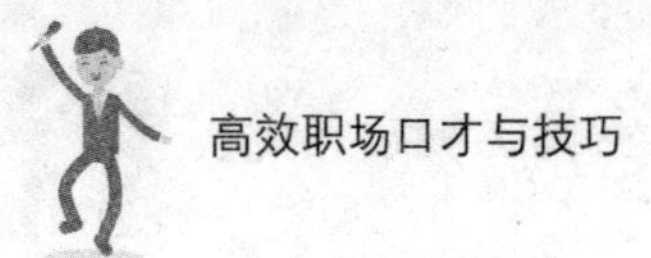



# 收到两个命令，要会甄别执行

无论是哪个单位的领导都有正副职，有的虽然部门很小，但也需要听从这两位领导的安排和调遣。然而，最让下属感到为难的是，当正副领导的声音不一致时，作为下属，到底应该听谁的呢？可能有的下属会认为，还是听正领导的，因为他官比较大，那对于副领导来说呢？他可能会想：既然你什么都听正领导的，那还要我这个副领导干什么呢，以后什么事情都通通去找正领导好了。这样一来，你虽然迎合了正领导的旨意，却不小心得罪了副领导。因此，在遇到这样的情况时，不要直接说听谁的，而是需要在听取时调和他们之间的意见，尽量让他们的意见达成统一，这样我们的工作也好开展。

当我们尚未正式踏入职场，在面试环节我们也会遭遇这样的提问：如果单位的正、副职不和，而且经常给你下达截然不同甚至互相冲突的工作安排或指令时，你将如何处理？这主要是考察我们的职场应变能力，于是，各种答案花样百出：看谁的后台硬一点，看还有多少年退休，看他是否还有升职机会，或许说看谁的指令比较正确，对单位或大众比较有利的，就按照这个指令去执行。其实，这些答案都比较欠妥。

马哥在一家运输公司管理车队，下属都称他为“车队长”。本来也就只有他这样一位正的车队长，可最近领导觉得有必要提拔一个副队长，于是就从下面的司机中挑选出了一位副队长，以此协助马哥的工作。看着以往的下属竟然差点与自己平起平坐，马哥心里自然不是滋味，于是，在很多时候，他都故意与副队长对着干。这样一来，下面的司机可苦了，尤其是当两人下达的指令不同的时候，根本不知道该听谁的。

有一次，小王司机的车子在半路坏了，他首先的反应就是打电话告诉副队长，因为这些事情应先向副队长报告：“副队长，我的车子在半路坏了，怎么办呢？这里离公司有很远的一段距离呢。”副队长问道：“在附近有修理

厂吗？具体是什么问题？如果及时维修的话，需要多长时间？”小王司机回答说：“我正前方倒是有一个修理厂，就是一点小问题，应该花不了多长时间。”副队长直接吩咐：“那你直接开到那个修理厂维修，修好了继续完成这次的运输任务。”这时小王司机从电话里听到马哥的声音：“我们公司有修理厂，为什么要弄到别的修理厂？这样，你让他慢慢开回公司，在公司的修理厂维修，这样更有保障一些。”一时之间，小王司机也不知道该听谁的，索性将车停在路边。

过了好半天，还不见领导打电话来，难道还没商量出来？这时小王主动拿起电话打给马哥说：“这样吧，我先去前方的维修站看看，若是能维修，我就先简单弄弄，坚持把这趟货送完，工作任务结束后，我再将车开回公司，放在公司修理厂维修。”马哥听了，觉得这个方法可行，又告诉了坐在旁边的副队长，两人都觉得还可以，于是就答应了小王司机所提出的建议。

案例中，正队长希望司机把车开回公司修理厂维修，而副队长考虑到工作的需要，希望可以就地维修，节约时间。就这样，正副领导就因为这个简单的问题争执了起来，幸亏小王司机比较聪明，他较好地结合了正副领导的意见，综合起来，彼此调和，既执行了副队长的指令，又执行了正队长的指令，更意外的是，这个意见是正副领导都答应了的。这样一来，执行任务也就没什么问题了。

我们应该很明白，无论两位领导的意见如何不同，但工作是第一位的，领导们的意见不同，也是基于要把工作做好这个最终目标。对此，如果两位领导意见不合，那下属应该极力调和彼此的意见，无论最后采取的是哪一位领导的意见，下属应该听取领导的建议，认真完成任务。这样一来，相信领导们为了工作，一定会在综合各自意见的基础上，得出一个最具科学性、合理性的最终方案。

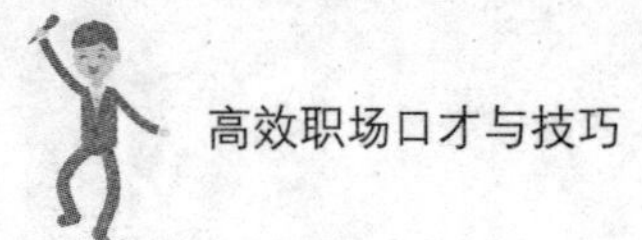


# 与每个部门领导保持恰当的关系

作为下属，不仅需要优先听从自己的直管领导，而且还需要尊重其他部门的领导。当其他部门领导在说话的时候，即便他并不是你的直管领导，甚至你不认识这位领导，但论职务你还是下属，那就应该表现出对领导的尊重，保持倾听的姿态，认真倾听，不插话，不随意打断对方的说话。这对其他部门的领导来说是一种尊重，对下属本身来说更是一种修养。除此之外，对待各部门领导的态度，还应该与本部门保持一致。也就是说，各部门领导与本部门关系怎么样，是亲还是疏，作为下属都应该牢记，当自己需要与各部门领导打交道的时候，这样的关系需要保持一致，你既不能过分疏远，也不能过分亲近，保持相应的距离。这表示你与本部门是一个整体，你对待其他各个部门的态度应该与本部门是一样的，如果你表现超过了度，那本部门的领导或同事将会不把你当作整体的一部分，他们会渐渐疏远你。

在现实工作中，每个公司由于不同的职责而将整个公司分为大小不一的部门，这些部门相对独立，却又是紧密相连的。因为每个部门所负责的工作是不一样的，比如有的负责生产，有的负责销售，有的负责售后，有的负责市场等，但各个部门的工作结合起来就是一个整体。通常情况下，部门之间既是一种合作关系，又是一种竞争关系。因此，不同部门之间，他们的关系往往是微妙的，这主要体现在领导或员工身上，既不亲近，也不疏远，彼此所保持的是一种适当的距离。这样一种情况将决定着你既不可以随便跟其他各部门领导保持亲密的关系，也不要过分疏远某个部门的领导，即便是你一个人的态度也将会影响部门之间的关系。

小王是销售部的一名职员，不过，令许多同事感到奇怪的是，他与销售部的经理关系并不怎么样，似乎只存在着工作上的关系，倒是与那市场部经理关系很亲近。刚开始有同事好奇地问：“你这不是叛徒嘛，谁都知道，市场部和

销售部是竞争对手，平时两个经理见面也仅仅是点头打招呼而已，你还跑去巴结市场部的经理，这要是咱们经理知道了，我看你是吃不了兜着走。”小王一副无所谓的表情，回答说：“本来我就不喜欢销售部，更不喜欢这个经理，说话总是打官腔，谁愿意听啊，相反，市场部经理好多了，常常为员工着想，我很愿意交这个朋友呢。”同事没话说了，叹了口气就走了。

后来，小王经常跟市场部的经理走得很近。这天小王与市场部经理正在走廊上谈话被销售部经理看见了，只听市场部经理说：“看到你，就想起我当年才毕业的时候，也跟你一样，性子倔，不听别人的劝说，执意做事，可如今我身上那些棱角已经被磨平了。”小王笑着说：“您这叫成熟了，我最欣赏的就是您这样睿智的领导。”两人都笑了起来，他们都没注意到一直站在不远处的销售部经理。

没过多久，销售部经理借故炒掉了小王，理由是工作态度不认真。而小王本来打算去市场部那边发展，岂料市场部已经不缺人了，他只好灰溜溜地离开了公司。

在日常工作中，我们要尊重各部门领导，认真听他们说话，但并不意味着你需要与这些领导打得火热。对待其他各部门领导的态度，你需要与本部门保持一致，也就是尽量保持不亲不疏的关系，千万不要自以为交际能力强，哪个部门的领导都卖面子给自己，因此与他们都保持一种较为亲密的关系。这时，你的直管领导会怎么想呢？他会觉得你在部门内部不够团结，而且你若与他的竞争对手拉拢关系，无疑是不给直管领导面子。这样一来，你的后果将可想而知了。

在工作中，只要我们的职位是下属，而非领导，那你就需要对其他各部门的领导给予尊重。不过，与这些领导应该保持什么样的关系，那应该与本部

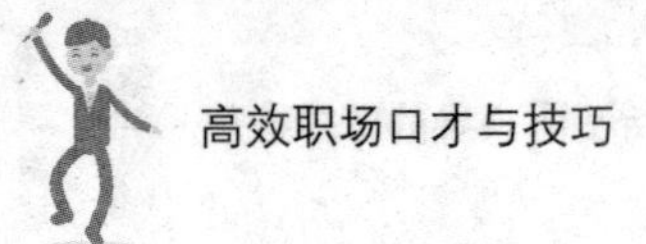


门保持一致，也就是本部门与这些领导是亲还是疏，那我们所维持的关系就应该是一样，而不是擅自做主去与这些领导维持另外一种关系。

## 抓住并牢记最高领导的说话重点

通常情况下，如果你只是某个部门的普通员工，那是很少有机会见到公司的最高领导，更是很少有机会听到他们说话的。不过，若是有幸听到最高领导说话，那作为下属，更应该谨记话语的重点，领悟最高领导话语中所包含的意思。对于一个公司来说，最高领导并不会经常出现在员工面前，因为他们有更重要的工作去做，他们所起的作用是统领大局。在日常工作中，公司的大事小事都会有相关的人员去处理，根本用不着最高领导出面。只是在公司的某些重要场合，比如周年庆典、公司股东大会等，最高领导才会出现，而且会作相应的讲话。因此，对于一位普通员工来说，见最高领导一面很难，若是可以听最高领导说话更是不容易。所以，如果可以听到最高领导说话，那作为下属应该认真倾听，并谨记话语中的重点。

为什么一定要谨记最高领导话语中的重点呢？或许有人会说，所谓的最高领导说话，无非就是照着讲话稿念，经常出口的都是“必须”“坚决”“一定要”“着力解决”“认真贯彻”“坚决执行”等态度坚定的词汇，对于这些四平八稳、不知所云的官话听不听都无所谓。尽管在现实工作中，有的领导身上会出现这样的风气，但对于大多数的最高领导来说，他之所以能处在最高领导这个位置上，那他身上必然有其卓越的地方，那是我们普通员工所不及的地方。在倾听最高领导说话时，就需要从其话里领悟到更多有用的东西，领会其精神实质，以此指导自己的实践。

在公司的开业庆典上，最高领导作了这样的讲话：

“今天在这里隆重举行成都通达综合服务中心开业仪式，我感到十分高兴。成都通达综合服务中心的建立，使通达企业集团在汽车领域的强势基础上，更加深入到人民生活的方方面面，形成了多元化、综合性的市场格局。

“通达企业集团一直以来以优质严谨的服务、热情周到的工作态度，受到了社会各界和广大消费者的充分肯定和高度赞誉，在成都形成了首屈一指的汽车集团化知名企业，为我市的各项经济建设和发展作出了卓有成效的贡献。

“今天成都通达综合服务中心的建立，是通达企业集团更加深入开展客户服务和客户资源管理的重要标志。我们也希望通达企业集团能够不负众望，在此平台和基础上为广大消费者提供更加优质周到的服务，为建设社会主义和谐社会贡献一份力量。

“成都通达综合服务中心的成立，既是对通达企业集团多年搞管理、抓服务、树品牌的进一步深入，也是集团下一步更加贴近社会、贴近生活、贴近广大消费者，进行人性化服务的崭新开端。在此，我们祝愿通达集团能够为社会、为客户提供更加优质、高效、全面而周到的服务，再次祝愿成都通达综合服务中心开业庆典取得圆满成功。”

在服务中心工作的职员小王一直在认真地听领导说话，尤其是“通达企业集团能够不负众望，在此平台和基础上为广大消费者提供更加优质周到的服务”，让他领悟到最高领导就是高瞻远瞩，同时他也希望自己能在工作中做到这一点。

虽然在某些场合，最高领导的说话只不过是形式上的，但其中也有某些值得下属谨记的地方，比如对具体工作的要求，在实际工作中一定要按照最高领导的意见执行，这样才能有效地完成领导交给自己的工作任务。

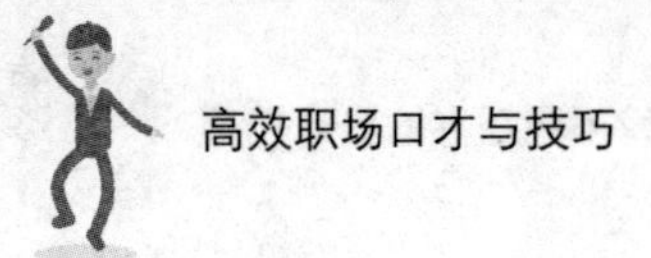

由于下属很少有机会听到最高领导说话，所以，在最高领导说话时，下属更需要认真倾听。领悟其话里的意思，谨记最高领导的教诲，学习其身上可贵的品质，以此促进自己在工作上取得更大的进步。

## 仔细辨别领导说话的角度，加深理解

如果我们仔细观察，就会发现不同级别领导的说话方式不一样，其出发点也不一样。对此，作为下属，应该学会分析各级领导的说话角度，这样才能进一步理解领导所说话语的真意和本意。通常情况下，级别不一样的领导，他们说话的角度也是不一样的。比如对同样一个问题，级别较低的领导者说话可能会啰唆一点，因为他说话会涉及这个问题的方方面面；而级别稍微高一点的领导者则可能是寥寥数语，因为他只是针对问题的大致情况总结说几句；如果是级别最高的领导，对某些细小的问题，他则有可能是一句话带过，或者根本不说这个问题，对于他们来说，已经有人去处理这些小事，问题的具体情况也就不用细致考虑了。所以，我们只有在分析了各级领导的说话角度，才会更深入理解领导所说话的含义。

在一次公司大会上，先是由最高领导发言："这次大会算是年底的总结大会，希望大家能就公司近期所存在的问题说一说，以备今后更好地改善这些问题。"说完，就举手示意下属们发言。

最先发言的下属是公司销售部的一名代表，他并不是销售部的经理，而只是一名普通的员工。只听他说："在这里，我列举的是咱们销售部门统计出来的数字，也就是前几个月的销售成绩，我仔细看了一下，差不多是忽上忽下，

不稳定，更不是层层递增，在这方面，有可能是我们销售部门工作做得不到位，具体的详情还有待调查。”

接着是销售部经理的补充：“是的，关于这个问题，具体的情况还在调查之中，但我发现咱们的产品存在着一些瑕疵，最近不少售后的员工接到了消费者的投诉，他们都说咱们的产品并没有什么效果，当然，这是客户反映出来的问题，我们还需要就实际情况进行一个详细的了解。”

这时公司主管产品这一块的总经理说道：“今天生产部门经理缺席了，好像就是为产品的事情出差了，这件事情我会查清楚的，现在需要做的就是将已经销售出去的产品收回，重新查看产品的结构图以及检查车间生产细节，查清楚问题出在哪里后，生产出全新的产品再投入市场。”

最高领导董事长总结说：“大家把这件事情都说得差不多了，我所需要强调的是，这次产品投放到市场的数量还不是很多，因此弥补起来还算是容易的，如果产品销售出去的数量太多，你们怎么办？希望各部门的领导引以为戒，在今后的工作中，销售部需要及时向公司反馈消费者的使用情况，如果存在什么问题，也可以得到及时解决。”

在这个案例中，各级领导都发表了说话，销售部门主要是说出问题的具体情况，但没轻易下结论。紧接着，总经理对整个问题进行了宏观地论述，包括如何解决问题都详细地说了出来。最后，公司最高领导董事长则发表了总结性的说话，先指出问题的严重性，提出了今后工作中需要注意的几个问题。在这个过程中，销售部门是站在提出问题的角度，总经理是站在解决问题的角度，而董事长则是启发性的说话，站在总体的角度。

在日常工作中，当我们涉及某些具体的工作时，先向直管领导申请，然后再向上级领导申请，诸如此类的层层递进，最后才会将相关工作的手续审批

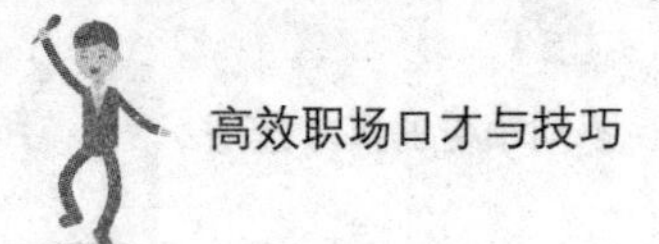



下来。在这个过程中，如果你是一个细心的下属，就会发现每个级别的领导说话是不一样的。

有可能直管领导只会说："关于这个问题，我做不了主，我很想帮你作决定，但确实爱莫能助，这样吧，我可以先向上级反映一下情况，然后你再直接向上级领导提出申请。"等到了上级领导那里，可能他的说法也不一样："这个问题，你们领导已经跟我说过了，我觉得是没问题的，但按照公司的程序，我还需要向最高领导请示之后才能答复你。"如果是到了最高领导那里，他所给予的回答只有两种可能：行或不行。通过他们说话的不同角度，我们可以更为清楚地了解其话语里的意思。

## 领导的话要听，但也不可尽听

作为下属，在倾听领导说话时，也并不是什么都听，或者什么都不听，而是需要权衡利弊，有选择性地听取领导说话。在日常工作中，领导所说的话有可能是与工作相关的，也有可能是与工作无关的，这时作为下属，就应该权衡一下，尽量选择对工作有用的话题听，而对于那些无聊的话，则可以抛之脑后。领导者毕竟具有特殊的身份，除工作外，对与领导相关的一些事情，作为下属，知道得越少越好。领导所说的话，你若是什么都听，什么细小的事情都记住了，如果领导的某些秘密泄露了出去，那他会怀疑到你的头上，到时你就有嫌疑了。因此，当领导在说某些话时，作为下属，不要不听，也不要全听，应该有选择性地听取领导的话。

通常在工作中，各个部门的领导之间也存在着竞争关系，有时候领导会在说话中偶尔提到其他部门的领导怎么样怎么样，这时若是下属在场，就应该避开，毕竟那些话语听了对自己也没好处，如果日后追究起来，你自己也在场，

那就难免会惹上麻烦。总而言之，对于领导所说的话，并不是每一句都需要听，而是需要听对自己有用的话。当然，什么是对自己有用的，那需要下属自己去权衡，比如对工作有用，或是对自己有教诲的。所以，作为下属，一定要记住，在倾听领导说话时，需要有所选择，这样对自己才更有利。

早上，小王还没进办公室，就听到经理喊自己的名字。他还没来得及放下公文包，就急匆匆地走进经理办公室。经理看到他匆忙的样子，也没绕圈子，直接就说："赶快坐下，我刚才看了看你昨天提交的企划案，在某些地方需要改改，你得赶紧改好，本来客户应该是明天才到，但我今天早上接到通知说，客户今天就到了，中午就要进行洽谈，你赶快按照我这里给你批注出来的修改，你就在办公室改吧，改完了给我看看，没有问题再打印出来。"小王站在旁边认真地听着，经理说完之后，小王放下办公包就开始忙活起来。

经理本来话就比较多，在小王修改企划案时，经理一直在那里说个不停："这个办公室主任也真是的，昨晚不提前打电话给我说客户提前来的事情，偏偏等到今天早上才跟我说，现在倒好了，忙得我晕头转向，这人平时做事就很不靠谱，也不知道怎么就爬到了主任的位置……"小王没吱声，装作没听见。经理继续抱怨，小王加快修改的速度，不一会儿，他将经理所批注出来的问题做完了修改，连忙将企划案交给经理看。经理一边看，一边还在说话："幸亏你及时弄好了，不然我非得找办公室主任说说。说到那办公室主任，真是恼火，如果不是他昨晚没及时说清楚，现在也用不着这样赶时间……"小王咳嗽了一声，说道："如果没什么问题的话，那我去打印了。"经理这才停止了抱怨，回答道："好的，你先去吧。"出了办公室的门，小王松了一口气，如果再继续待下去，估计又不知道要说到哪里才停。

在案例中，对经理的两次说话，小王倾听的态度是不一样的。前一次经理是说到工作上的问题，小王是神情专注、情绪饱满地倾听。后面一次经理在不停地抱怨办公室主任，小王刚开始假装没听到，后来见自己的工作已经完成了，干脆借故离开了办公室。因为小王知道，对于领导的这些话，自己还是不听为妙，免得惹上什么麻烦。

在工作中，虽然有的领导谨言慎语，什么话该说，什么话不该说，他都会有一定的分寸。但也有不少领导口无遮拦，当着下属的面，什么话都说，不管是工作上的，还是生活中的，他们好像把下属当作了倾诉、抱怨的对象。下属在面对这样领导时，需要权衡利弊，哪些话该听，哪些话不该听，尽可能有选择性地去听取领导所说的话。

# 第六章　小心雷区，虚心倾听领导讲话并要认真领会

听领导说话，不仅是听清楚或听懂那么简单。在倾听过程中，下属还应该注意把握精准的尺度，牢记一些禁忌，比如不要心不在焉，不要随便与领导争辩，不要轻易打断领导说话等，这样一些看似很小的细节，其实都决定着领导对你的评价。因此，作为下属，在听领导说话时，需要拿捏好度，努力做一个称职的听众。

## 保持精神集中才能更好倾听

我们常说“会说的不如会听的”，倾听不仅仅是一种技巧，更是一种修养，那将意味着倾听者富有内涵，或者说其本身态度很谦逊、恭敬。如果下属以认真的态度来听领导说话，那就是对领导的一种尊重。反之，如果下属在倾听时表现得心不在焉，那则是对领导极大的不敬。每个人都希望自己在说话时，别人是在认真倾听，这样的心理需求不仅仅是领导才有的。当然，领导因其特殊的身份，他更希望自己说话时听众以全神贯注的态度对待，若是有人心不在焉，那他会有一种不被重视、不受尊重的感觉。依此分析领导的心理需求，下属在倾听领导说话时应保持精神高度集中，心不在焉将是对领导极为不尊重的表现。

酒会上，张经理喝了几杯酒，平时寡言少语的他竟然与身边的下属聊起天来。这时，他好像一点儿领导的架子都没有，就好像一个朋友一样。只见他

手搭在下属王兵的肩上，说道："小王啊，我知道你工作很踏实，很认真，其实我从内心来说是很赏识你的，但你有一个缺点，知道吗？"王兵一边用手机给女朋友发信息，一边回答说："我还真不知道呢，希望经理能给我指点指点。"张经理笑着说："你啊，就是太固执了，做人做事不够圆滑，因此太容易得罪人。记得上次吗，你竟然在办公室大说特说王主任的糗事，你可能不知道，王主任是最好面子的人，他怎么能容忍你在那么多下属面前说他的糗事呢？像这些事情，你根本没怎么注意，因而不知不觉得罪了很多人，这样一来，你的工作开展起来就不容易了。"王兵不太喜欢有人直言指出自己的缺点，他不愿意听这样的领导说话，只见他眼睛只专注地看着手机，根本没理张经理。张经理似乎也明白了，只是叹了一句："现在的年轻人哪……"

过了一会儿，张经理端着酒杯走到了另外一桌，他坐在下属张珂的身边。本来张珂也在玩手机，但看到领导过来了，连忙将手机放在口袋里，起身敬酒。张经理示意张珂坐下，说道："咱们算起来是本家人吧。"张珂笑容满面，回答说："是啊，应该说我是高攀您了。"张经理也笑了，说道："你这是说哪里话，咱们五百年前说不定是一家人呢，最近工作还好吧，我觉得你做的广告文案不错，很有创意啊，我很久没看到像你这样有潜力的年轻人了……"张珂用专注的眼神看着他，认真地倾听着，时而点头，时而微笑。就这样，两人竟然聊到了酒会结束，临走张经理还邀请张珂去他家里做客，这话说得张珂有点受宠若惊。

在以上案例中，面对张经理的说话，两位下属的倾听态度是不一样的：王兵刚开始虽然回应了两句话，但在这个过程中，他心不在焉，眼睛没有离开过手机，一直专注地与女朋友发信息，压根儿就没有认真听张经理说话；而同样是下属的张珂，本来也是在玩手机，但看到领导过来了，赶紧收好了手机，认真听其说话，这让张经理感觉到被尊重、被重视。难怪面对王兵，他只感叹了一句"现在的年轻人哪"，而对张珂，则热情地邀请他去自己家里做客，这就

是领导对于那些是否认真倾听自己说话的下属的不同态度。

在现实工作中，我们经常看到这样的下属：领导在台上说得很起劲，但他却在台下频频看表，或是玩手机，或是借故频繁上厕所，或是与身边的同事交头接耳，窃窃私语，他根本没有将注意力放在听领导说话这件事上。这样的下属自以为很高明，似乎领导并不清楚自己到底有没有认真听其讲话。其实，这样的想法未免太过于天真，领导毕竟是领导，他的眼力不是普通人所能比的，或许在你悄声说话的那一刻，领导的眼光正看着你，只是那么一瞬间，他又移开了目光。但从此他在心里就会给你打下这样一个印象分：这个下属的工作态度不认真。因为对于领导来说，下属倾听领导说话，也算是下属分内的工作之一，如果态度不够认真，那必然会给领导留下工作态度有问题的印象。

## 不与领导发生不必要的争执

或许许多人都不知道，“不要争辩”已经被写入了许多权威的行为准则中，无论是做企业，还是用人，都不需要争辩中的对立情绪。任何明智的领导都欢迎不同的意见，但是，他们反对将时间花在无谓的争辩上。当下属在倾听领导说话时，有可能对其表达出来的某些观点不同意，这时一些下属就擅自说出自己内心的想法，希望以此得到领导的赏识，却不料聪明反被聪明误，这样直接地说出自己的想法，会让领导当面下不了台，因而领导一向不欢迎那些与自己争辩的下属。当然，“不要争辩”并不是说下属需要无条件地接受领导的观点，而是强调下属不要与领导产生对立情绪，尽量以温和的方式提出自己的意见。自然，如果在倾听过程中有机会当面提出不同的意见，我们千万不要

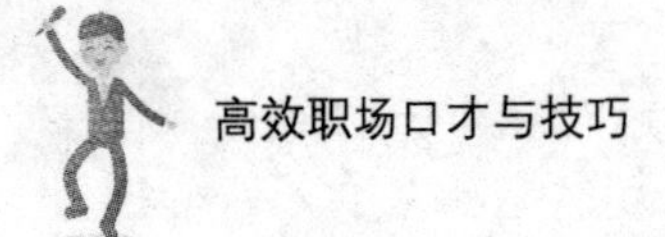



“拍案而起”，除非你不想在这个公司继续工作。作为下属，我们应该摆正自己的位置，不要与领导发生争执。

有一次，魏征在上朝的时候，与唐太宗争得面红耳赤，唐太宗实在听不下去了，想要发作，又怕在大臣面前丢了自己愿意接受意见的好名声，只好勉强忍住。等到退朝以后，唐太宗憋了一肚子气回到内宫，见了妻子长孙皇后，气冲冲地说：“总有一天，我要杀死这个乡巴佬！”长孙皇后很少见唐太宗发这么大的火，问他说：“不知道陛下想杀哪一个？”唐太宗回答说：“还不是那个魏征！他总是当着大家的面侮辱我，叫我实在忍受不了！”

虽然唐太宗在长孙皇后的规劝下，知晓了事情的利害，以自己莫大的宽容谅解了魏征的直谏。但是，我们却不难看出，领导对一个与自己争辩的下属是相当气愤的，可见，下属应该时刻牢记自己所处的位置。如果在倾听过程中，真的需要提出不同的意见，我们也应该选择恰当的时机，以幽默的方式提出来，诙谐而有策略地提出反对意见，这样领导才会乐于接受。

最近，组长交了一个很急的稿子给小菲，没过多久，组长又打电话叫小菲立即到他办公室去，说是出了问题。当小菲赶到了组长的办公室后，只见组长满脸不悦，似乎终于找到挑剔的机会了。组长当即责备了小菲一顿：“这个稿子是怎么写的，我发现你的能力真是越来越差了，我根本看不懂你写了些什么，不要以为你现在有点能耐就不得了了，告诉你，即便是出了名的作家，出了错也得照样改正。”

面对批评，小菲心里虽然很不是滋味，但她知道自己不能与组长争辩，于是回答说：“组长，如果你的话不错，我的失误一定不可原谅，我为您工作这么多年，应该知道怎么做，我觉得十分惭愧。”小菲继续说：“我应该更小心一点才对，您平时很看重我，照理说我的工作应该使你满意，这件工作我会重新再来的。”组长似乎有点过意不去，站起来说道：“不用，不用！我不想那样麻烦你，你只要稍微修改一点就可以了，不值得为这点小错担心。”

当领导生气时，有可能会将话说得严重一些，或者夸大了原本的错误。这时下属难免觉得委屈，若是不能忍耐的下属可能就与领导争辩起来。但在这个案例中，小菲却没有这样做，反而主动承认自己的错误，以谅解的心态来看待领导的愤怒情绪，结果两人以愉快的对话结束了这次沟通。

许多争辩的发生是由于领导与下属的沟通不畅造成的，双方都不了解对方到底在想什么。如果彼此都能将问题摊开了说，那么，争辩也就会随之消失了。作为下属，如果在倾听过程中有不同的意见和观点，应该首先清楚地阐述自己的观点，以便领导能够准确地理解。或者将自己的观点写在纸上，请领导考虑，这样有助于冷静地说明问题，而且很容易达到自己的目的。此外，想要领导了解你的想法，相应地，你也应该了解领导的苦衷，这样对于双方都是有帮助的。在意见出现分歧时，假如你能设身处地地为领导着想，那么，领导自然会理解你的想法与建议，从而接受你的观点。

## 不要假装听懂而耽误了工作

子曰：“知之为知之，不知为不知，是知也。”不管在生活中还是在工作中，我们对于文化知识和其他社会知识，都应该虚心学习，尽可能地多加以掌握。这就要求我们在倾听领导说话时，虚心倾听，对于自己真的听懂的内容，就坦诚地说“我听懂了”；若是对于自己没有听懂的内容，大可以承认说“我没听懂”。在领导面前，明明没有听懂却碍于面子说听懂了，这就是最愚蠢的行为。在倾听领导说话时，我们需要实事求是，不要在听不懂的情况下假装自己明白了，这本身就是一种自欺欺人的表现。在工作中，下属们很容易有这样

的感觉，那就是如果自己没听懂领导所说的话，心里就很容易产生落后于他人的压迫感、紧张感，这似乎是人们常见的心态。于是，在绝不服输的好胜心的作祟下，明明对领导的话一知半解，下属却装腔作势、不懂装懂，以此来保全自己的面子。岂料最后却让自己露了馅，到时追悔莫及，而自己在领导面前的形象也大打折扣。

新来的职员王娜自尊心有点强，平时那些老同事为了照顾她，都争着跟她说关于办公室里的规定，结果王娜一副自信的表情说："我知道，我明白了。"刚开始，大家都觉得王娜可能真的明白，至少她已经在别的公司工作了好几年，工作经验也比较丰富。但自从发生了那件事之后，同事们都知道王娜不过是"不懂装懂"的一个人。

前几天，王娜接到通知说让自己去主编办公室一趟。王娜有些小兴奋，可能这次主编要给自己新任务了，一定要在他面前表现得优秀才行。进了办公室，主编拿过来一个U盘，对王娜说："小王，你虽然有过几年的工作经验，但你对编辑这个职业还是不太熟悉，你先帮我修改其他人写的稿子，看看其中的问题，标注出来，然后我检查检查，具体看看你的功力。"王娜点点头，主编继续说道："关于修改方面，你都知道吧，用文档里的修改工具加上批注就可以了，应该能明白吧？"王娜自信地回答："我明白了，主编，您就相信我吧，我一定能做好的。"主编点点头，将U盘递给王娜。

其实王娜根本不懂得文档里的什么修改工具，自尊心很强的她又不愿意问同事，就这样一个人闷着头修改、加批注。过了几天，王娜将自认为完成的任务交给主编，但在打开电子文档的一刹那，主编脸色很惊讶，问道："小王，这就是你修改的吗？"王娜点点头，主编无奈地表示："现在看来，你根本不懂得如何使用文档以及如何修改稿子，当时你应该告诉我你不懂，那我就可以手把手教你，瞧瞧你，为了那点可怜的自尊心，将工作弄得乱七八糟。"王娜知道错在自己，不好意思地低下了头。

案例中，王娜就因为那点可怜的自尊心，明明不懂得文档的操作方式，却跟主编说自己明白了，结果在工作中出现了错误。其实，听领导说话，如果不懂就坦诚告诉领导“我还不明白”，这不仅仅是一种真诚的态度，而且更是为了做好工作。试想，如果明明不懂却假装听明白了，领导也认为是这样，但接下来工作中却出现了问题，这无疑给自己和领导都带来不小的麻烦。

在日常工作中，领导说话大部分是为了工作上的事情，如果仅仅是安排工作，那想必是容易理解的。但实际工作中，某些领导说话咬文嚼字，或喜欢委婉、含蓄地说话，这样下属理解起来也就困难多了。然而，通常领导在说完话之后都会问上一句：“懂了吗？”这时可能是自尊心作祟，可能是想在领导面前展现自己的领悟能力和理解能力，即便是没有听懂，但有的下属也会说“懂了”，末了还给领导保证说“我一定完成任务”。岂料在工作执行中，因为根本没听懂领导所说的话，结果错误百出。这时领导再问：“你上次真的听懂了我说的话吗？”下属则会支支吾吾：“我以为我听懂了。”虽然领导不再说话，但他已经将你当作一个“爱说假话”的下属，尤其是关于工作的事情，领导希望下属能够实事求是，听懂了就是听懂了，没听懂就是没听懂，千万不要当面说听懂了，工作起来总是出错。

## 虚心倾听领导讲话，不要随便打断

倾听是一门艺术，什么时候该说话，什么时候该闭上嘴巴，这都是很重要的。倾听领导说话，我们就应该是听众，当领导在诉说内心的想法时，我们应该抱着理解的态度倾听，这是维护上下级关系的有效方法。在倾听过程中，失败的倾听者犯得最多的错误就是打断领导的话，每个人都有自我表现意识，即便你的话是正确的，对领导的观点你不认同，但作为下属，都不要轻易地打断领导的话。我们应该明白，倾听是沟通的第一步，而不轻易打断别人的话就是倾听的基本法则。当领导在说话时，唯有你懂得安静地倾听才能提高自己的交际能力，做一个好的倾听者是对领导的尊重。即便是我们自己也渴望被人尊重，也不希望自己在侃侃而谈时，有人故意打断自己的话。其实，轻易打断领导说话也是目中无人的表现。所以，作为下属，你只需要做好听众应有的本分，虚心倾听，不要轻易打断领导的话。

人有两个耳朵，一个嘴巴，在古代，“听”写作“聽”，我们可以看到，耳为王，就是让我们在听别人说话的时候，需要更多地用到我们耳朵，其右侧是“十、四、一、心”，意思就是让我们在倾听时不仅要用到耳朵，更需要用到心。而在这个古体字中，我们几乎没看到“口”，也就是说，我们在倾听时只要耳朵和心就好了。换句话说，当别人在说话时，插嘴或打断别人说话，那确实不是一件好事。尤其是领导在说话时，若是下属打断其说话，那给人的感觉就是目中无人，连最起码的礼仪都没有，似乎就只知道表现自己。毕竟领导的身份比较特殊，如果你习惯跟朋友说话时打断其说话，那所造成的最大后果就是朋友不开心。

在办公室里，王璐是一个性格开朗的女孩，闲暇之余她总是喜欢找人聊天，但喜欢与她交谈的同事却很少。原来，她在与人沟通时有一个很大的毛病，那就是喜欢打断别人的话。比如她与某个同事聊天，本来只是闲聊，同事无意中提起公司里某某和某某关系暧昧，同事才说了两句，王璐立刻就打断了同事的话“哪里，不是这样的，我听到小道消息说，其实另外的某某跟某某才是一对呢”。同事见状就转移了话题，说到了自己对人生的看法，可没说两句又被王璐打断了。最后，只有王璐一个人在那里滔滔不绝地说话，完全不把同事放在眼里，但王璐却好像没感觉到同事内心的不快。

有一天，公司所有员工开会，领导说到了一个问题："我希望在座的各位都能够向卢燕南同志学习。"领导将员工的名字说错了，明明是"卢南燕"，虽然大家都听出了错误，但就在领导还没有意识到自己说错了的时候，王璐立刻站起来打断了领导的发言，说道："领导，你说错了，是卢南燕，不是卢燕南。"领导面带微笑，欣然地接受了王璐的建议，还直说："你做得很好，领导有错误就应该指出来。"王璐听到领导的表扬，心中很得意。但不久之后，王璐就被调到了别的部门。这时她才意识到自己打断别人说话是不对的，但这个苦果也只有自己吃了。

在日常工作中，许多下属总是吃了亏之后才意识到自己的错误，为什么不在这之前就改掉自己插话的毛病呢？学会倾听领导说话对于我们来说很重要。出于对领导的尊重，出于作为下属的礼貌素质，我们就不要打断领导的话。当我们与领导沟通时，不要急着发表自己的想法，领导只说了个开头，而你就立即打断，头头是道地说自己的见解，这是目中无人的表现。

心理学家曾揭示出一个心理现象：如果一个人的心里有事情，他就会启动心理定势准备说话，直到他把话说完，他才能听进去别人的意见。因此，如果你想让自己的话被领导听进去，达到进谏的目的，那你就必须学会倾听领导说话。这样领导就会有一种你很尊重他、很乐意听他说话的感觉，从而产生愿意和你沟通的心理。

## 频频看表是对说话者的极大不尊重

下属在倾听领导说话时，还需要避免一个小动作——频繁看表。其实，

“看表”这个动作很细微，对某些人来说可能是一种习惯，因为他有很强的时间观念，因此总会在空闲或无聊时经常看手表，久而久之就成了一种习惯，好像不看表倒不习惯了，即便他们根本不想知道现在的具体时间，但还是不可避免地有了看表这个小动作。从另外某种角度说，总是不停地看表会给人一种压力，那是一种心理上的压力。如果领导在说话时，你总是不停地看表，那领导会想：他可能有更着急的事情等着去做，或许他压根就不想听我说话，这种不耐烦的动作表现出他内心很想早点结束这样的谈话。谁喜欢不愿意听自己说话的人呢？领导也是一样，他会觉得下属这样的动作表现出了其内心的不耐烦，当然，领导会适时停止说话，不过，同时你也给他留下了不好的印象。

临下班的时候，王伟兴高采烈地收拾办公桌上的东西，因为女朋友还在公园里等着呢，两人打算晚上去看电影。正在王伟高兴地哼着歌的时候，经理走进来了，他叫住正准备出门的王伟：“小王，你来我办公室一下。”王伟暗叹“我命休也”，原来这个经理最大的爱好就是找下属谈话，而且一谈就是很长的时间，想到还在等自己的女朋友，王伟有点不耐烦地放下包包，快步朝着办公室走去。

走进办公室，经理招呼：“坐吧。”王伟坐下来，打算先听听经理到底说些什么。经理一边审批文件，一边说道：“其实，我早就想找你谈谈了，我来你们部门时间不长，以前对你们不够了解，现在我可以说了解你们其中的每一个人，尤其是你，因为你的工作差不多都是我直接负责的，我很清楚你的工作能力。”王伟没什么表情，只是任由那些话进入自己的耳朵，只希望这样的谈话早点结束。

停了一会儿，经理继续说：“我发现你最近状态不对，好像没有把全部的精力放在工作上，虽然我不知道是什么事情分散了注意力，但我作为你的领导，还是劝你，现在需要以事业为重，如果现在不把握机会，不努力工作，今后你将没有更多的机会去选择和奋斗……”经理越说越多，王伟显得很不耐

烦，但又不好表现出来，只好频繁地看表。本来经理在埋头整理文件，偶然抬头看到了王伟的这个动作，领会了其中的意思，很快就结束了谈话，说道：“时间不早了，今天就说到这里吧。”王伟松了一口气，快步走出了办公室。

不过，从此之后，那位喜欢找下属谈话的经理再也没找王伟，而王伟的工作也就一直在原地踏步。

在案例中，王伟确实不愿意听经理继续说下去，而且他心里还惦记着与女朋友约会的事情。因而在整个倾听过程中，他所表现出来的都是很不耐烦的动作，比如频繁地看表，对经理的说话没有任何回应。当然，通过不停地看表，经理已经知道这位下属对自己说的话不耐烦了，因此他及时结束了说话，但同时也对这位下属打了一个较差的印象分。

在倾听领导说话时，许多下属下意识有这样的动作：头微微倾斜，不停地看表。其实不管是在面谈或与人交谈时，不停地看表，都会让人产生压迫感。即便下属真的不想听领导继续说下去了，也不要做出这样频繁的小动作，虽然这样的动作不太明显，但一眼就可以看出其中的玄机。尽管可能你在之前认真地听了领导说话，但最后关头出现这样的动作，会让领导对你之前所有的好印象都消失了。因为这个动作就好像一个小小挑衅，或者是一种抵抗的情绪，都表示你很不愿意继续听下去了。领导自然能读懂你的意思。他在及时结束说话的同时，也会不满意你的倾听态度。

## 与人交流时给予自己有主见的意见

倾听领导说话，虽然主角是领导，但并不意味着你就只是做一个沉默的倾听者，或者是当领导询问你有什么意见时，你只会回答："我不知道""我觉得您的想法就是最合适的"，以此表示同意领导的意见和想法。丝毫没什么主见，这其实也是不妥当的。有时候，领导之所以找你谈话，将一些话说给你听，其行为背后是希望你能对他所说到的事情提出一两个建议，或者说说自己的想法。不过，对于某些下属来说，在这关键时刻，他却表现得毫无主意，根本不知道怎么办。

通常下属在听领导说话时表现得毫无主见，其原因有两个方面：一是他本身就是一种很没主见的人；二是他可能心里怀有某些想法，但觉得不好意思跟领导说，只好说"自己不知道怎么办"。不管是出于哪种情况，在领导面前所表现出来的毫无主见都是很不妥当的，这也是倾听中的禁忌之一。倾听是需要给予说话者一定回馈的，也就是领导针对某个问题说了很多，之后就需要你能对其提出一些可行的办法，或者说说自己的建议，这对于领导来说是一种参考意见。在这里，大胆地说出自己的主见，其实就是一种有效的反馈。当然，我们并不主张下属过度的反馈，也就是完全将领导置之度外，将自己心中的想法大说特说，这也是不恰当的。我们应该记住，你在向领导提建议或说想法的时候，需要揣摩领导是怎么想的，尽量按照领导的想法来，如果你的意见与领导相悖，尽量以委婉的方式提出来，这样所提出的建议才容易被领导接受。

早上进入公司的时候，肖东有幸与经理搭乘一座电梯，而且电梯里就他们两个人。刚开始，肖东有点紧张，只是笑着打了声招呼："经理，您好！"经理笑着点点头，过了一秒钟，经理竟然主动跟肖东聊起了天："肖东，你们组关于广告文案的事情，准备得怎么样了？"肖东回答说："正在准备中，不过应该快了。"经理笑着说："那可要抓紧时间啊，我听说另外一组好像今天就拿出结果来了，这次客户要求很严格，所以我才将你们分成了两组，分别做一个广告创意，然后让客户自己挑选，你们最后的命运就掌握在客户手里了。"肖东只是笑着点点头，没说话。

电梯门开了，肖东跟在经理后面开始走那长长的走廊，这时经理又说道：“其实，我一直很看好你们组的能力，创意很新颖，经常能打动客户的心。至于另外那一组，他们的设计通常都是中规中矩的，如果走传统的路线还可以，如果是碰到眼光独特的客户，我想胜出的肯定是你们，你自己觉得呢？”肖东笑了笑，不好意思地说：“我也不知道，我只知道按要求办事。”正说着，两人已经走到了办公室了，肖东快步进去工作了，而经理看着他的背影，若有所思。

经理说那番话其实是想听听肖东对两个组的创意是怎么看的，没想到只听到肖东这样一句回应“我也不知道，我只知道按要求办事”。领导听到这样的回答，并不直接导致他心生不快，但他会觉得这位下属不见得是多么有主见的人，因为他根本不愿意开口说一些对事情的看法。自然而然，若是以后再遇到需要询问下属意见的事情，他就不会选择这位下属了。

不管是出于什么样的原因，作为下属，应该敢于在领导面前说出自己内心的想法，这是一种坦诚。相反，若是你支支吾吾，仅以“不知道”作为搪塞，反倒让领导觉得这个人不懂得沟通。当领导开口询问：“你对这件事是怎么看的？”这时不妨大胆说出自己的想法或建议，别管正确与否，但只要你能说出来，就会让领导觉得原来你还是有主见，有思考能力的。

## 不要因为好奇而打探别人的隐私

古人曰：“静坐常思己过，闲谈莫论人非。”意思是，沉静下来要经常自省自己的过失，进而以是克非、为善去恶；闲谈的时候莫议论别人的是非得

失，这是儒家倡导的道德修养的重要方法。在日常工作中，下属要想让领导觉得自己可靠，表现出良好的性情修养，就应该谨记这条古训，尤其是后者“闲谈莫论人非”。不可否认，每个人内心深处都有一定的好奇心，对于别人的隐私更有一种想窥探的欲望。有的人甚至在工作中有一个奇怪的爱好，那就是打探领导的隐私。这样的举动是危险的，一旦领导知道你在打探自己的隐私，那么他会一下子把你划入黑名单，并认为你是不可靠的人。因此，在倾听领导说话时，不要好奇地去打探领导的隐私，而是专注听领导说话。

通常来说女员工喜欢谈论是非，或是打探隐私，但在现代这个社会，不少男员工也会有这样的癖好，一旦发现领导的隐私、秘密，就会欲罢不能。他们在与领导沟通时，会好奇地问这问那，就好像总喜欢问“为什么”的小学生一样。但我们应该知道，领导并不是老师，他没有义务对我们的提问一一作出解答，尤其是对于隐私方面的问题，他非但不愿意回答，反而对提出这样问题的下属心生不快，觉得你根本不是值得信任的人。一般在社交场合，打探别人的隐私都是一种很不礼貌、很让人厌恶的事情，更别说下属想打探领导的隐私了，这会让领导感觉到不受尊重，同时认为你是缺乏修养的员工。一旦领导对你道德品质产生了质疑，那他在其他方面同样会对你持怀疑态度。

下班时，天下着瓢泼大雨，女职员小娜踌躇地站在公司门口，不知道如何回家。正在这时，部门主管走了出来，小娜像见到救星一样走了上去，问道：“主管，你有多余的伞吗？”主管皱皱眉，回答说：“我从来不带伞，不过，你不是住在东大街吗？我可以顺路把你捎回家。”小娜感激地点点头。

坐在车厢后座，小娜的话匣子就打开了，问道：“主管，听说你们在江边还买了一栋别墅，是真的吗？肯定好几百平方米吧，那样的房子可是我努力几辈子都住不上的啊，我可真羡慕你们这些有钱人。”主管笑了笑，没说话，早就听闻这个小娜嘴巴比较“大”，真没想到确实厉害。

停了一会儿小娜问道：“那你老婆回来了吗？”小娜之所以这样问，是因

为最近办公室所谈论的话题都是主管正与老婆闹离婚，而且这个消息就是小娜传出去的，因为有个玩得好的朋友在民政局上班，看到了他们一起去办离婚手续，最后不过没办成。喜欢打探别人隐私的小娜很想知道最近情况怎么样，所以这样问了一句，没想到主管脸色一下子黑了下来，没说话。小娜从车后镜看到主管的脸色，才意识到自己问错了问题，但她已经不知道该如何补救了。

听闻主管在闹离婚，好奇的小娜竟然问出了这样的问题，难怪主管的脸色会一下子变得铁青。对于领导来说，他非常欢迎下属询问自己关于工作上的事情，但若是询问到其家里的事情，除非他主动开口说，否则他会有一种被侵犯的感觉。与任何人一样，领导对于向自己打探隐私的人从来都是厌恶的。

在办公室里有这样一群人，他们以他人的是非话题作为自己的谈资，以谈论他人的隐私、伤疤作为自己的快乐，以背后谈论他人来满足自己的私欲。不仅喜欢刺探同事的隐私，而且还到处打探领导的隐私，这些人都是令人憎恶的。当然，他们在工作中也做不出什么成绩来。

作为下属，应该记住：在工作中要做到谨言慎行，该说的话要“三思而后说”，不该说的话千万不要随便乱说，尤其是对于他人的隐私、秘密，更需要谨慎对待。即使是你无意中听到了他人的秘密信息，你也不要到处张扬，每个人都需要有一个自由空间，你的尊重也会换来他对你的信任。

## 不该问问题时就闭紧嘴巴

在倾听领导说话时，下属应该学会了解领导的苦衷，对于某些话不要开口问，因为即便是你问了也问不出个所以然来，只会让领导觉得你是一个不善于

交流的人。最成功的倾听者，他知道自己什么时候认真听，什么时候开口问，该问什么，不该问什么，方方面面都能够拿捏准确。他会让说话者觉得，他是一个贴心的听众，能够及时地照顾到自己的心理。而对于下属来说，倾听领导说话，也需要达到这样的水平。有时候，领导会向下属倾诉内心的苦闷，发泄内心的情绪，这时下属只需要做好一个听众应有的本分工作，你只要用心倾听，用心理解就行了，对于领导内心的某些苦衷，最好不要开口询问。毕竟下属与领导的关系不同于朋友之间，领导有自己的苦衷，他不想也不愿意将这些苦衷告诉任何人，即便你是他最信任的下属，他也不会开口对你说，因为某些事情只适合隐藏在心里，他说了，其领导的威信和威严在你面前就削弱了。所以，作为下属，需要了解领导的苦衷，对于一些话不要问。

公司的董事长已经年近六十了，但他对公司里的大小事情都是亲力亲为，每天按时到公司上班、视察车间工作、关心员工等。每每看到这位慈祥的老人，员工们都感到一种莫名的感动，尤其是在董事长身边工作多年的司机老王。这么多年来，他一直待在董事长身边，亲眼看到了董事长经历了许多事情，私底下，他与董事长就好像一对老朋友一样。

车子平稳地行驶在宽阔的马路上，董事长突然开口说：“老王，你知道最近员工们都在议论什么吗？”老王摇摇头，其实他当然清楚，最近，许多公司里的员工都在议论纷纷：为什么董事长这么大年纪了还亲自管理公司？好像从来没看到过董事长的接班人？董事长随后感叹一句：“我那个不孝的儿子，也不知道到底要折磨我到什么时候，我已经没有力气管理这个公司了，可他一直在国外，不肯回来，我也不知如何是好。”

老王当然知道，董事长所说的不孝子就是公司未来的接班人，但因多年以前董事长夫人过世，少爷对董事长充满了怨恨，大吵一架后，一气之下去了国外，这么多年虽然董事长亲自过去看他，请他回来，但那位少年性子太倔强，一直不愿意回来接替董事长的位置，这也是董事长一直忧虑的原因。但他并没

有开口问，也没多说，只是安慰道：“或许有一天他想通了就会回来了。”

案例中，当公司里很多同事都在议论董事长家里的事情时，作为多年跟随着董事长进出的司机老王自然知道其中的内情，但他知道这是董事长的心病，因此当董事长问他时，老王假装不知道，怕勾起董事长内心的不快。后来，董事长主动说到了自己的儿子，老王司机也没有多问，只是说了一些安慰的话，因为他明白，他只需要理解董事长的苦衷就够了。

与任何一个普通员工一样，领导内心也有很多烦恼，可以说他们的烦恼比下属更多。处于领导这个位置，他们所面对的压力比任何人都大，他的任何一个决策都将影响到公司的成败，因此，他不得不事事小心，步步为营。在现实工作中，我们只看到领导表面风光的一面，却难以理解其背后的艰辛。

我们经常可以通过报纸或电视看到，许多大企业或公司的领导者，他们苍老得很快，经常熬一个通宵思考工作上的问题。还有不少领导得了神经衰弱症，晚上失眠，这是由于他们思考的东西太多，大脑长时间得不到休息，时间长了就容易出现疲惫的状态。在领导身上，诸如此类的身体压力和心理压力是巨大的，所以，作为下属应该理解领导的苦衷，如果他对你诉说了一些内心的苦闷，你应该学会理解，而不是想方设法打探其背后的秘密。

## 小心对待领导对你的言语试探

通常领导说话都不会很直接，他们会以委婉或含蓄的方式说话。换句话说，他们喜欢通过说话来试探下属，这样的说话方式可以称为试探的话语。作为下属，首先应该学会分清哪些是领导试探性的话语，并认真对待其试探性

的话语，竭力作出最好的回答。在日常工作中，员工的数量远远多于领导的数量，这将决定着领导对每一个下属了解得不会十分透彻，或者说有一番详细的了解。正因为如此，领导才会经常以试探性的话语来了解下属内心真实的想法。当然，由于是试探性的话语，因此说话方式不会太明显，有可能只是一句很普通的话，但因语气或语调的不同，就会成为一句试探性的话语。所以，在倾听领导说话时，需要注意其说话的语气和语调，对待领导试探性的话语千万不可小觑。

这天张丽给朋友讲述了关于领导试探自己的一件事情：

前两天我们部门新上任的领导与人事总监发生了争吵，他们两个其实是很多年的老同事、老朋友。可能因为最近工作压力大的原因，他们在一个方案上有些分歧。我也是通过同事知道他们发生了争吵，没想到没过多久，领导就打电话让我去他的办公室。

当时，我吃完了午餐就过去了，不过到了办公室后，领导象征性地问了问工作上的事情。突然告诉我说：“如果那位人事总监还是那样，不想干就别干了，你做好思想准备，他若是不干了，你就来顶替他的位置。”我当时听完后，愣了一下，心想难道这是领导在试探我吗。我马上回应说：“领导，我认为自己能力有限，上市公司人力资源部经理要求还挺高的，我做不了。”领导却说：“这不是关键，关键是心态。”然后领导马上说：“我马上让他过来，还有部门的其他骨干，我们一起讨论分工的事情，你也在这里，我们将这些事情摊开了说。”我马上就说：“请领导冷静，一定要冷静，人事总监也很辛苦，他都熬了好几个晚上了，事情太多了，再加上资源部骨干变动，给工作的开展带来了一些难度。”领导想了一会儿，也没说什么，我坐了一会儿就借口告辞了。

这几天我一直在想，当时领导一方面是在气头上，另一方面是不是在试探我是否想坐这个位置呢？他与其他领导吵架，看看我有什么反应，如果我从中

推波助澜，挑起他们的矛盾，领导肯定会对我失去信任。

案例中的这位员工想得很周到，领导气头上的话来得很突然，这让下属多了一个心眼，领导是否是在试探呢。试想，如果这位下属没有意识到领导是在试探自己，当领导提出“你做好准备来接替那位领导的工作”，有的下属可能会满怀兴奋，趁机挑起两位领导之间的矛盾，结果领导却把你的一言一行尽收眼底，最后遭殃的也是你自己。

在日常工作中，作为下属需要时刻提高警惕，因为领导随时都有可能向你试探，或是试探你对工作的态度，或是试探你的忠诚，或是试探你的决心。比如我们经常听领导说“你看着办吧”，其实这就是在试探你，领导并不是不让你去办，而是需要你抓紧时间去办；领导说“再想想”，并不是他没有想好，而是试探你是否在费心思思考这个问题；如果领导说“你觉得应该怎么办”，看似在征求你的意见，广开言路，但他其实是在试探你是否支持他自己提出的意见或想法。对此，作为下属，需要时刻保持精神高度集中，重视领导试探性的话语。

## 不轻易承诺自己做不到的事

在领导面前表现自我是一件好事，但凡事一定要量力而行，千万不能打肿脸充胖子。对于领导向自己提出的要求，如果能办到，那答应下来是可以的；若不能办到，那就不要轻易向领导应承。通常我们应承领导的事情，就一定要信守自己的诺言。但在现实生活中，总有那么一些爱面子、自不量力的下属，他们对领导提出的要求一口应承下来，若事情真的办好了那什么事情都没有，假如办不好或只说不做，那就是不守信用，领导也会质疑你的办事能力，最后落得个什么都不是的下场。所以，当领导向自己提出要求时，作为下属应该考虑清楚，不能轻易答应下来。

李阳刚刚大学毕业，他来自偏远的山区，从小就很好面子，见不得有人瞧不起自己。因此他身上从小就有一个特点，那就是喜欢说大话、吹牛，不管是对于自己能办的还是不能办的，他总是一口答应下来，还拍着胸脯说："放心吧，这件事交给我，你就放一百二十个心。"刚开始接触他的人都觉得他是一个热心肠，但相处时间长了，大家都知道他这个人说得多，做得少。

他刚到了新的公司，就到处吹嘘自己如何如何有能力，生怕那些领导和同事看不起自己，好像自己手眼通天。这天他正在办公室吹嘘："我有一个很铁的哥们在铁路局当干部，因此火车票是很好买的，尤其是卧铺，只要提前一天打电话，那火车票铁定给我留着。以前我去外地，比如甘肃、云南，都是托我那个哥们买票，很方便……"正在他说得很起劲的时候，经理也来到了办公室，听到他这样说，停下了脚步，叫住李阳说："小李，原来你能买到火车卧铺票啊，我还正愁呢，我女儿马上去外地上大学，正赶上火车高峰期，她排了几天的队都没买到卧铺票，那这件事就麻烦你了。"李阳有些讪讪地笑着："没事，您的事就是我的事情，不要这么客气。"其实，李阳根本不认识什么铁路局的人，他只不过是无聊吹牛罢了，没想到经理真的找自己帮忙，这可怎么办呢？

回到家里的李阳左思右想，那是经理呀，如果最后自己没办好这件事，那可怎么办呢？他抓起外套马上出门，去火车站附近转了转，打算找个"黄牛"买两张卧铺票，没想到还真买到了，虽然价格比较贵，但李阳还是很高兴。

第二天，他就将两张卧铺票交给了经理，经理连声道谢："多谢你了。"李阳摆摆手，似乎只是做了一件微不足道的事情。没想到当天下午，经理就让他去办公室，李阳很兴奋，以为经理表扬自己呢。没想到，经理只是拿着那两

张车票问道：“这是怎么回事？人家告诉我女儿是假票。你不是托你在铁路局工作的朋友买的吗？”心虚的李阳低下头，再也不敢说话了。

在现实工作中，有的领导要求你帮忙可能不符合原则，这样的事情不要应承下来，而是当面跟领导说清楚，不要让领导误会，更不要让领导失望；有的领导找你办的事情可能很难，这时你也需要跟领导事先说明，这样做给自己留有余地，即便没办好，也会有个交待。当然，对于领导所提出的简单事情，我们还是应该尽量帮忙，一旦应承下来后，无论如何都需要办好，千万不要失信于领导。

我们在这里强调的是不要轻率地对领导承诺什么，并非一定要拒绝，而是需要三思而后行，不要怕被领导看不起就对其说：“没问题，包在我身上！”不给自己留一点儿余地。这样不经过考虑而随便作出的承诺，只会害人害己。那些顺口应承下来的事情，就好像一条会勒紧自己脖子的绳索，如果事情最终没能办成，那将意味着自取其辱。

# 下篇

## 熟谙职场口才技巧让你更快高升

作为下属，不仅要善于倾听领导说话，而且需要学会跟领导说话。在下篇里，我们将告诉你领导究竟在想什么，到底爱听什么，应该怎样和领导说话。我们可以毫不夸张地说，学会跟领导说话，这是每一位下属的必修课。

# 第七章　看人说话，不同的人要用不同的口才技巧

在日常工作中，我们所遇到的领导性格不一样，我们对其说话的方式也不一样。作为下属，我们要学会摸清领导脾气，说话对准领导心气，详细了解领导性格，这样会让上下级之间的沟通更顺畅。

## 说话对准领导心思，才能得到领导重视

在工作中，每个领导都有自己的性格特点，与人相处的最佳法宝就是懂得如何避开对方个性中比较消极的部分，并满足其个性来表现自己。我们要想与领导之间的沟通更为有效地进行，那就首先需要摸清领导的脾气，然后运用相应的说话策略，以求所说的话语对准领导的心气。因此，在我们与领导进行正面接触时，就需要了解更多关于领导的信息，而最为重要的一点就是领导的脾气。因为一个人具备什么样的脾气特征，那他在工作中就会把这样一种个性表现出来，而且还会影响到你的工作。比如以他的脾气所展现的优点和缺点是什么？他喜欢什么样的工作方式？他怎样获取信息？当发生冲突或矛盾时，他通常会采用什么样的方法？如果我们没能掌握足够多的信息，当我们与领导说话时就会盲目行事，这就难免会出现一些不必要的冲突、误会和问题。

小颜是历史系的学生，大学毕业后，顺利应聘到星星旅行社，实现了她儿时的梦想——当一名导游。第一天报到，小颜看着有些严谨的女经理，心里很不以为然，小颜本身是一个性格独特的女孩子，她不太会委屈自己而顺从别人

的个性。因此，在她上班的时候，妈妈就一再叮嘱她：“收敛收敛自己的脾气，你这样，准要与领导吵架。”

果不其然，上班不到10天，就出了一件事情。有一天，一大群游客聚集在星星旅行社门口，吵闹着讨个说法。这时女经理走出来，面带微笑，问道：“请问有什么事情吗？”大家纷纷投诉，“你们旅行社怎么搞得？游客的东西不见了，却说这不关你们的事情，这是哪门子道理啊？”“就是啊，今天无论如何得给我们一个说法”“虽然不用你们赔偿，但你们导游总该打个电话报警吧”。女经理算是听明白了，说道：“我们一定会给大家一个说法的。”事后，女经理了解到那位说 “不关我的事”的正是新来的职员小颜，经理打算找小颜好好谈谈。

没想到，女经理刚开口：“人家毕竟是旅客，他们的东西丢失了，你怎么可以说不关自己的事呢？”

小颜头抬得高高地说：“本来就不关我的事情，凭什么东西不见了就赖在我身上啊？”

女经理压住内心的火气：“你不要以为当导游就是背背历史，不是这样简单的，旅客将假期的所有快乐都交给了我们，我们理应负责到底，如果你继续以这样的态度说话，那你趁早走人。”

小颜也生气地说：“旅行社又不是你家开的，以为自己是老板娘啊？”

这话说到了女经理的苦处，原来女经理喜欢了老板很多年，但老板却是无动于衷，女经理最讨厌别人说到这事情。

这时，只见女经理大声吼道：“你现在就收拾东西给我滚。”

在这个案例中，小颜犯了两个错误：一是她没有摸清楚领导的脾气，二是她说话没有对准领导的心气。虽然小颜是一个新来的职员，可能会对领导的情况了解得很少，但是她依然可以通过同事或者领导身边的人进行了解，事情就不会演变成这个样子了。

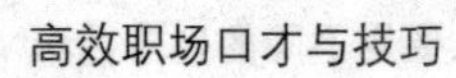

当然，了解领导脾气秉性的途径很多。我们刚开始接触领导时，不要急于拉近彼此之间的距离。因为我们根本不了解领导的脾气，这就有可能给我们的沟通带来一些障碍。这时我们可以通过身边的同事或领导周围的人了解领导，并且在平时工作中寻找各种机会，对领导行为中的蛛丝马迹作仔细的观察，这样才能够准确地摸透领导的脾气。摸透了领导的脾气，还需要我们顺着对方的心气说话，这样才能有效地建立与领导之间的和谐关系。面对不同脾气的领导有不同的应对策略，这就需要我们在平时工作中多观察、多思考。

## 看清领导性格，再选择适合的沟通方式

在职场中，我们会遇到不同类型的领导：有的领导性格温和，为人谨慎；有的领导脾气暴躁，做事草率；有的领导性格直爽，做事认真。其实，不同性格的领导往往有不同的性格密码。对此，在日常工作中，我们要找到领导性格的密码，以此来摸透领导的脾气。心理学家认为，摸透领导的脾气，及时调整相处策略，在此基础上发挥自己的工作能力，是职场生存的重要法则。许多人抱怨：“领导的脾气难以琢磨。”其实，不能真正地了解领导，大部分是作为下属的心态问题。在工作中，大部分下属并没能真正把领导当作领导看，他们太注重自己的个人感受。如果我们没有主动去适应领导的工作风格和工作习惯，就会使自己处于十分被动的地位，自己也会感觉到与领导总是格格不入。

其实，作为职场中的一员，我们要随时端正好自己的心态，他是你的领导，无论他的脾气有多么古怪，你都不可能去改变他。既然是改变不了的东

西，那么最佳的办法就是让自己去适应他。实际上，领导的性格往往体现在其具体工作中，比如工作习惯与作风。因此，当你开始踏入职场，首先就是需要花点时间去了解领导的工作习惯与作风，摸透领导的脾气，按照领导的想法，对自己的工作方式与习惯作出适当的调整，你就会发现其实与领导相处并不是那么困难。此外，下属不仅需要摸透领导的脾气，还需要破解出领导性格的密码，比如领导这样的性格有怎么样的特征。打个比方，豪爽型的领导性格外向，因此大多不注重表面形式而更看重你的实际能力。他很欣赏办事认真、细致的下属，对那些不拘小节的下属他也不会反感。但是，面对这样的领导，需要真诚坦然的态度，千万不要背着他搞小动作，或者是当面顶撞他。

经理是一个严谨的人，他对待工作一丝不苟，对下属严格要求。这些信息都是小安在进入公司第一天就了解的。因此，小安开始收敛起自己随意的个性，对经理安排的工作，她一定要完全弄明白其中的确切意思才去执行，否则她是不敢随便擅自做主的。

这天开会时，领导说到最近工作的事情，突然转过头来对小安说："你就是穿着这身衣服去接待客户的吗？"小安茫然地点点头，经理脸色有些不悦："你知道吗？你所接待的都是欧洲过来的客户，如果你以这样的打扮接待他们，那简直是损坏了咱们公司的形象。"小安低下头，原来经理的严谨不仅仅体现在工作中，还体现在对员工穿着的要求上。

还有一次，小安拿着打出来的价格表交给经理，经理只是粗略地看了一下，就说道："下次请你在做这样文件时，仔细核实情况，据我所知，这是上个月酒店住宿的价格，这个月已经不是这些数字了，重新去做。"小安想说什么，但想到领导本身是一个严谨的人，如果自己辩解，那无疑是火上浇油，于是，她默默地退了下去，将酒店住宿价格核实后将文件重新做了一份。

案例中的经理是一位典型的冷静型领导，这样的领导通常具有较强的自我保护意识，因此当我们在与其接触时不要过于亲近。由于其谨慎的性格特征，他在平时都是作详细的工作报告，而且欣赏一丝不苟的工作作风。所以，下属在工作中就需要注意培养自己这样的工作风格，尽量把交给他的工作计划写得越详细越好。此外，还需要多注意自己的言行举止、穿着打扮，只有方方面面都严谨了，才能受到领导的赏识。

|金|钥|匙|

在日常工作中，每个领导都会显露出属于他自己的性格特征，这时我们就需要仔细琢磨，揭示出领导的性格密码，促进上下级之间的沟通。比如懦弱型领导缺乏主见，说话做事容易朝令夕改，对任何事情都优柔寡断；苛刻型领导喜欢“鸡蛋里面挑骨头”，可谓典型的完美主义者，无论我们的工作做得有多完美，但他还是百般挑剔。只要我们了解了这些领导的性格密码，就能够采用适时的策略，与其进行有效的沟通。

## 摸清领导行事风格，有策略地进行沟通

在现实工作中，不同的领导者有不同的形式风格，比如，有的领导行事比较霸道，有的领导做事比较优柔寡断，还有的领导者做事时疑心病比较重等，这样一些不同的行事风格，其实可以从中窥探出其性格特征，从而有利于我们掌握恰当的沟通方式。

每一个成功的领导者都有自己独特的行事风格，没有哪两个领导者是完全相同的。究其原因，那是因为他们的性格特征不一样。领导的性格会在其行事风格中留下显著的印记，成功领导的行事风格都是在工作中不断培养起来的，是在工作中不断改进、完善，发扬优点，改正缺点，才形成了独具一格的行事风格。

报到第一天，小李见到了陆经理。只见陆经理一脸严肃地坐在办公室的沙发里，嘴里叼着香烟，对小李说："欢迎你成为我们公司的新员工！我自我介绍一下，我是华夏集团的陆华，以后你就叫我陆经理。你应聘的职位是总经理秘书，以后就在我身边工作，我的要求很简单，只有两个字——服从。而且是无条件地服从，我最讨厌别人问我为什么，以后希望你不要问这些问题。"小李面带微笑，点点头。

一天，小李递交了自己所拟写的领导说话稿，因为陆经理需要参加一个会议，并要在会议上做一个长达半个小时的讲话。陆经理看过之后，直摆手："这个不行，必须重写。首先，这不是我的说话风格，关于我的说话风格，你可以查阅之前我的讲话记录；其次，你额外增加了一些我不需要的内容，要讲的内容我在早上就给你了几点说明，你只需要把这几个问题弄清楚就行了，我不需要的内容，你一句话也不要增加；最后，关于上述两点不合适的地方，你竟然没向我报告，我告诉过你的，工作中的每一件事都需要征求我的意见。"小李点点头，想必这就是陆经理的行事风格了，看来自己以后需要调整自己的沟通方式了。

第二天，小李在拟写报告时，三次征求了总经理的意见，"陆经理，您觉得这个方案怎么样，需要修改吗？""陆经理，上个月的数据需要加进去吗？""陆经理，您打算在这次大会上讲话多长时间，我好压缩报告书的字数"。这期间，陆经理好像很享受整个过程，就好像是那种掌控一切的状态，而小李与其之间的沟通也变得越来越顺畅了。

在工作中，像陆经理这样的领导会不断要求下属这样做或那样做，对于这样行事风格的领导，下属必须常常让他感到自己的存在价值，并且采用这样的沟通方式：做事要顺从他，对于工作中的任何决定需要向其征求意见，这样领导会觉得与你沟通是非常愉快的。

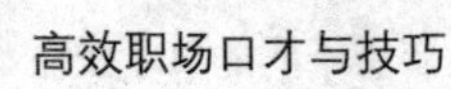

在许多下属看来，领导的许多言语行为是他们摸不透的，领导的许多说法在他们看来也是不知所云，这是因为下属都忽视了去观察领导的行事风格。或许在下属面前，领导会有意识地隐藏自己的性格脾气，以保持自己身份的神秘性。但他们也往往忽视了另外一个方面，那就是他们的工作风格或作风会透露自己内在的性格特征，这里所说的工作风格或作风，其实就是领导的行事风格。在工作中，领导所说的每一句话，甚至每一个手势都透露着其内在的性格或脾气，下属就可以以此为依据，选择恰当的沟通方式，这样主动寻找沟通方法的下属是领导最赏识的。因此，下属需要在实际工作中从领导的一言一行、一举一动来分析领导的行事风格，依据行事风格来确定沟通方式，准确领会领导的意图，以此获得领导的青睐。

## 领导性子急，说话就要简明扼要

在我们身边，经常可以看到性子急的领导，他们做事总是火急火燎，似乎在其身后有一团火在追着他们，因此，他们无论是说话还是做事，速度都异常快，丝毫不怠慢。这样的领导有个很明显的特征，那就是喜欢干净利落，讨厌啰唆、绕圈子。如果下属性子比较慢，那与这样的领导无疑是相克的。通常他们在说话时，都是直来直去，有什么就说什么，因此，他们更喜欢与那些说话干净利落的下属打交道，因为性子急的他们等不了多长时间，等待的时间越长，他们的脾气就越急躁。如果我们面对这样的领导，那就努力让自己的语言表达变得简练一些，干净利落，若是论述一件事情，三言两语就说清楚，切忌东绕西绕，这样只会让领导火冒三丈。

张经理是一位性子急的领导，他平时说话很快，一句话还没说完，下面一句话就开始了，这样的说话方式总是给人一种紧迫的感觉。用张经理自己的话说："现代社会生活节奏快，如果你们需要花时间来等我说话，那无疑是浪费时间和生命。"当然，他的言外之意就是"我也不喜欢等待你们说话"。

王珂在公司里工作一段时间了，但他还没有正式跟经理接触。最近，王珂被调到了办公室当策划员，那将意味着他每天都要与经理接触了。到办公室第一天，同事就告诉王珂："你说话简洁利落吗？张经理最讨厌下属说话慢了，咱们办公室好几个以前说话慢的同事都在他的训斥下变得快了。"王珂心中一惊，惨了。原来王珂是一位慢性子，他说话一向都是慢条斯理的，比如"这个事情，呃，怎么说呢，这个事情"，这样的说话方式曾被朋友戏称"听你说话的人估计都睡了一觉醒来，你还停留在这句话上面"。

这天，王珂拿着已经写好的企划案忐忑不安地走进办公室，张经理语速很快地说："你是才调过来的新职员吧，这是你写的企划案，这样吧，你先叙述给我听听，然后我再考虑是否合适。"王珂有点紧张，再加上他本身说话比较慢，张口就结结巴巴："这个企划案，企划案，所说的其实，其实就是，产品的分析问题，分析问题，呃……"张经理脸色有些不悦，急切地问道："你倒是说清楚啊，我看见你嘴巴光是在那里动，可我什么都没听到，你到底说的是什么？"

看到经理生气了，王珂愈发紧张："这个企划案，企划案，企划案……"经理挥了挥手，有些不耐烦："你说话能不能简洁一点，干净利落一点，总是这样啰唆、结巴，我是没办法听下去的，可能你通过同事已经知道，我性子比较急躁，如果听你说话就需要花上半天时间，那其他的事情我还做不做了？这样吧，你先下去整理整理，明天继续当面跟我说这个企划案的内容，我只给你半个小时的时间，如果你在这半个小时之内没说完，那责任在于你自己。"王珂小心地接过企划案，向经理点点头就走了。

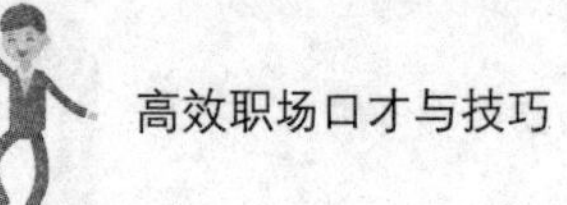



在案例中，张经理就是一个典型的性子急的人，而王珂则是一个慢性子，这两个人碰到一块儿沟通，那肯定是有问题的。通常情况下，性子急的人所表现出来的特征就是“快”，说话快，做事快，就好像一阵风似的。说话快，也就是心里想说什么就说什么，不思考，不等待，只要有了说话的欲望就恨不得一下子说出来；做事快，也就是希望一口气就可以将事情做完，如果有人告诉他需要等待，那他肯定晚上都睡不好觉。

当然，性子急的人最容忍不了的就是“等待”，在他们看来，等待就好像一种煎熬，在等待的过程中，他们的情绪会变得异常暴躁，嘴里一直催促着“快点，快点，什么时候才能好呢”。作为下属，如果你的领导是一位性子急的人，那你就需要符合这突出的个性，在沟通过程中，尽量简洁地表述一件事情或与工作有关的内容，不要让领导总是等待你，等待时间长了，领导失去了耐心，今后他将不愿再听你说话了。

## 领导睿智谨慎，言语表达要清楚细致

现实工作中，越来越多的领导变得谨慎睿智，这表示着我们与领导的沟通也变得越来越难了。通常谨慎的领导工作一丝不苟，对工作严格要求，还会用自己的这种“谨慎”作为对下属的要求，相比较工作马虎的下属，他更欣赏那些工作认真、踏实的下属。因此，下属在工作中就需要培养自己这样的工作风格，尽量将领导布置下来的工作做得越仔细越好。除此之外，在与谨慎型领导沟通时，也需要注意说话的方式，说话不能大大咧咧，或是一团混乱，毫无逻辑，而是需要细致又有条理。细致而有条理的说话方式才是谨慎型领导所欣赏

的，所认可的。如果下属以这样的方式说话，那领导会由此判断你是一位工作认真、谨慎的员工，以他的性格，他定会对你产生好感的。

在工作中，谨慎类型的领导做事很严谨，容不得半点马虎，即便是一个细节，也会有很严格的要求，如果下属因马虎大意而忽略了细节方面的问题，那肯定会换来领导的一顿训斥。对工作要求即是如此严格，那在与下属沟通中也会有一样的要求。谨慎类型的领导不欣赏说话毫无逻辑的下属，也不欣赏说话粗心的下属。在他们看来，说话与工作一样，都需要细致、严谨，否则就会觉得你这个人不靠谱。

部门的张经理是一位谨慎的领导，在平日的工作中，他说话细致而有条理，做事认真而细致。对一件工作的执行，他会亲自督察每一个细节部分，包括视察、监工等环节，他都会参与其中，不时提出一些建设性的意见。当然，他希望自己的下属工作也与自己一样，尤其是说话方式，他更欣赏那些说话细致而有条理的下属。

在部门里有个职员叫小王，他观察张经理很久了，在他看来，若想受到经理的赏识，那肯定要培养与之一样的说话方式，也就是细致而有条理的说话方式。小王暗暗训练了很久，终于等来了施展能力的机会。

这天张经理把小王叫来，吩咐道："小王，你现在到集市上去看一下，看看今天早上有卖土豆的吗？"小王很快就从集市上回来了，他一口气向张经理汇报说："今天集市上只有一位农民在卖土豆，一共40袋，价格是两毛五分钱一斤，我看了一下，这些土豆的质量不错，价格也便宜，于是带回来一个给您看看。"

小王边说边从提包里拿出土豆："我想这么便宜的土豆一定可以赚钱，根据我们以往的销量，40袋土豆在一个星期左右就可以全部卖掉。而且，咱们全部买下还可以再适当优惠。所以，我把那个农民也带来了，他现在正在外面等您回话呢……"张经理听了，微笑着点点头，赞许地向小王伸出了大拇指。

在整个案例中，小王的叙述细致而有条理，虽然经理只吩咐了小王一件事情，但聪明的小王有条不紊地将经理所需要知道的情况全部调查清楚了，并在第一时间报告给经理。在最后，他不仅带来了土豆的样品，而且还带来了那位销售土豆的农民。如此谨慎细致的工作态度以及严谨有条理的说话方式，也难怪张经理会赞许地点点头，并向小王伸出了大拇指。

实际上，谨慎型领导的想法是严谨的，一个人的说话方式往往会透露其工作的作风与习惯，一个说话粗枝大叶的人，他在工作中也会一样犯粗心的错误。相反，一个说话细致而谨慎的人，他在工作中会更细致、更谨慎。作为下属，我们可以有效与领导进行愉快沟通的方式只有一个，那就是努力培养可以符合领导个性的说话方式，以此来获得领导的青睐。如果遇到的是一个谨慎的领导，那你就要培养细致而谨慎的说话方式和做事风格，这样你才能受到领导的赏识与认可。

## 遭遇爱挑刺的领导，不妨顺着他说话

对于下属来说，遇到喜欢挑剔的领导是最令人头痛的事情了，由于这种类型的领导存在，下属常常会处于不自信的状态中。比如，明明下属完全按照领导的吩咐去处理一件事情，但事后领导会指责下属办事不力；对于工作的要求，比如文件的内容和格式是他告诉下属的，等下属按照要求拿给他签字时，领导却又说这些文件应该重打；下属从事的是专业性很强的工作，但对下属专业一知半解的领导却偏偏对其能力“很不放心”。诸如此类的例子还有很多。遇到过爱挑剔的领导的下属都会有这样的感觉：觉得自己浑身上下的汗毛都

是竖着的，左右都不是，自己怎么做都会让领导看不惯，不管怎么说，都不会让领导如愿。遭遇爱挑剔的领导，对下属来说，总是很不利的。但是，也不是全无办法，面对那些爱挑刺的领导，应该学会顺着他话说。只要你顺着他的话说，他就没办法再对你进行挑剔了，上下级之间的沟通也会变得顺畅起来。

整个办公室都知道，罗主管是最爱挑刺的领导，对于一些很细小的事情，他总是“鸡蛋里面挑骨头”。刚开始，大家都很不习惯，听到那刺耳的话语，感觉眼泪都要流下来，但时间长了，大家都习惯了，总是将这样的“挑剔”当作主管的一种习惯，那几句刺耳的话就当是耳边风过去了。

最近，办公室新来了一个员工叫黄东，看上去是一个桀骜不驯的人。这天，黄东帮忙打印了一份文件递交给罗主管，不料，罗主管“啪”的一声将文件扔在桌子上，说道：“你什么大学毕业的？怎么连打印文件这样的小事情都做不好呢？打印之前，需要进行文档整理，你这样不成段落的样子打印出来叫我怎么看？”黄东为自己辩解道：“这本来就是草稿类型的文件，也不是下发的文件，你只需要过目就可以了，用不着那么正规地制作文档吧。”罗主管一听，更是发飙：“那叫你去食堂吃饭，你为什么还要吃菜呢？干吗不只吃饭呢？这就是工作，我交代给你的工作，你需要认真完成，容不得半点马虎，像你这样的工作态度，我发现你倒适合做老板，而不是适合当员工。”黄东一气之下，摔门而去。

第二天，黄东就被罗主管以工作态度不认真为理由给辞退了。

在工作中，遭遇爱挑刺的领导，如果你直接顶撞，那后果是很糟糕的，有可能直接后果就是你卷铺盖走人，就好像案例中的黄东一样。既然领导喜欢挑刺，就让他挑好了，你不妨顺势承认自己的错误，卖一个面子给他，他也不好再说什么了。对于领导挑刺，不要太计较，作为下属，应该将自己的工作放在最重要的位置。

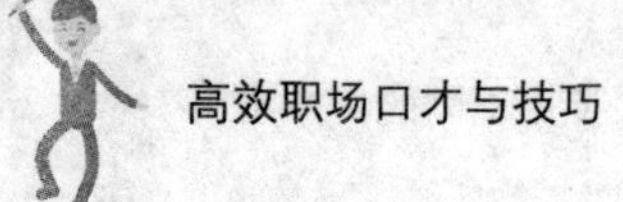

在工作中遇到喜欢挑刺的领导，不妨先考虑一下他挑剔的背后动机是什么？是他本身对自己、对工作的要求就很高，还是借此来考验下属或者打压下属？实际上，我们换个角度看，那些喜欢挑刺的领导，其实就是要求高的领导，作为下属，不妨欣然接受领导的批评和建议，视他为鞭策自己成长和进步的“贵人”，摆正自己的心态，尤其是部门的新人都会遭遇部门主管对自己的挑剔、考验，以此了解自己的各方面能力，最后，经得住考验的人才能受到领导的赏识。而经受住领导考验的最佳途径，就是顺着领导的话说，让他知道你是服从于他的。

## 适当的恭维能够赢得领导好感

在日常工作中，我们处处可以看到那些喜欢自我吹嘘的领导，他们在各种场合、不同的人面前大肆地吹嘘“最近买了新房子，什么时候有空过来参观一下”“你觉得我这辆新车咋样，比你那个要好点吧”等。这种类型的领导，我们可以称之为喜欢吹牛的领导，并不是他们平时说话漫无边际，而是喜欢吹嘘自己如何有本事，然后期待看到下属敬佩自己的表情。在这时，如果领导能听到一些恭维的话，他会认为你是最懂他的心腹，在虚荣心的膨胀下，他会乐意与你继续说下去，那这样一来，作为下属，你将了解到更多关于领导的信息，从而有利于上下级之间的和谐相处，同时也可以保障自己的职场前途一片光明。

通常人们会将“恭维”这个词语划分到贬义词这一类，从字面上理解，恭维指的是“为讨好而赞扬”，似乎这样的赞美不是发自内心的，与我们所说的

真诚的赞美存在着本质上的区别。并且，在现代社会，许多年轻下属很反感恭维，尤其是恭维领导。其实，我们应该辩证地看待恭维，一味地反对恭维，做“愤青”和一味没原则地迎合都是不妥当的。

王经理平时最喜欢的事情就是在办公室里“吹牛”，所吹嘘的事情无非就是自己认为最得意的事情，其实他说来说去就是那几件事情，办公室里的下属听得耳朵都长了厚厚的茧子了。于是，只要王经理在集体办公室坐下了，开始说“记得那时候……”这时下属们就会有捂住耳朵的念头，心里无声地默念：天哪！又开始了。久而久之，办公室里的下属们都背后称呼王经理为“吹牛大王”。

最近，办公室里新来了一位同事小吴，虽然在办公室待了几天，也听说王经理有绰号的事情。但小吴似乎并不反感王经理的自我吹嘘，而且小吴还会适时说两句好话。这天，王经理又坐在办公室里“吹牛”了：“记得那时候，我一个人南下来到这座城市，当时我就知道，在这个城市会有我的一席之地，我一定会找到属于我的那片天空。我发誓，我一定要在三十岁之前挣足一百万。”坐在一旁的小吴恭维道：“真是很有志气！一听这话就是做大事的人，哪像我们的目标，可能只是为了混顿饭吃而已。”这句话很受用，王经理脸上堆满了笑容，继续说道：“就是凭着年轻时的这股锐气，我当时有了创业的想法，在深圳开了一家餐馆，虽然只有5张桌子，但生意好得出奇，我从来不觉得自己有经营方面的能力，但通过这个事情，我知道了……”在这个过程中，小吴不时附和“确实是这样”“天哪，您是怎么想到的”“您真不愧是做大事的人，连这样的想法都跟常人不一样”，同时以敬佩的眼神看着王经理，这让王经理越说越兴奋，同时，他对小吴也越来越信任了。

通常情况下，喜欢吹牛的人最喜欢听的就是恭维的话，即便这不是真的，听上去还是会令人很舒心，而他们最尴尬的事情就是被人拆穿或不理不睬，因为这都无法满足其吹嘘带来的虚荣感。对此，作为下属，如果你的领导喜欢吹

牛，那不妨成全他这个特殊的“癖好”，适时送上几句恭维话，或几顶高帽，领导高兴了，你的职场前程也就有希望了。

恭维到底是贬义词还是褒义词？这需要我们视具体情况而定，需要了解身边的环境，看清楚迎合的对象，不要一开始就戴着有色眼镜去看待这个现象。比如，在古代，纵横家在进谏前，通常会先说一些让皇帝舒心的话，然后话锋一转，直奔主题，这样一来，就可以在未触怒皇帝的前提下达到自己进谏的目的。在现实工作中，下属主动与领导搞好关系，可以有更多施展才华的机会，这算是一件好事。因此，如果你的领导喜欢吹牛，那作为下属，不如多恭维几句。

# 第八章　真心赞美，人人都爱听悦耳的话

赞美是一门艺术，俗话说："一句话能把人说笑，也能把人说跳。"作为下属，更需要学会真挚赞美，因为领导也爱听悦耳的话。赞美，会缩短上下级之间的距离，让你与领导的关系更亲近。将赞美的话说到领导心坎上，这是博得其好感的最佳途径。

## 赞美让你与他人更亲近

心理学家认为："人类最殷切的需求是：渴望被肯定。"在工作中，对领导来说，被下属赞美是一件令人喜悦的事情。恰如其分的赞美，会让领导感受到人与人之间的理解和温暖，也能够打动领导，有效地增进下属与领导之间的心灵交流。我们经常会感受到赞美的魅力，赞美不仅能打动领导，而且也使自己获得帮助。因此，我们在与领导说话的过程中，应该遵循一个原则：尊重领导，肯定领导，并真诚地赞美领导。那些悦耳的话语会让领导感受到下属的尊重和真诚，不知不觉之间，他会更愿意亲近下属，与下属之间建立和谐融洽的关系。

周末，小舟正在家里休息，接到了上司王姐的电话："有时间吗？陪我逛街去吧。"王姐的语调很平和，和蔼可亲，小舟也不好拒绝，况且王姐是领导，可不是自己那些朋友。而且，小舟作为王姐身边的得力助手，自然不应该怠慢王姐。于是，她简单地收拾了一下，就出门了。

快到商场门口了，远远地，小舟看见王姐穿着白色圆领T恤，外套是黑色

小西装，下身是最近流行的哈伦西裤，既像职场丽人，又像邻家姐妹，王姐年纪并不大，30岁左右。小舟走近了一些，忍不住惊呼："哎呀，王姐今天穿得真漂亮！"然后指了指旁边的花儿，说道："你瞧，把花儿都比下去了。"王姐一听马上喜形于色："哪里，这都是两年前买的，我还没怎么穿过呢，你觉得很好看吗？"小舟兴奋地说："当然了，但不是任何人都能穿出这样的气质，主要还是王姐你人长得漂亮，如果是我穿起来，估计就是扔进人群里都找不出来。"王姐听得心花怒放，边笑着，一只手已经主动地挽起了小舟的手肘，如此亲密的动作让小舟有点受宠若惊。

俗话说："良言一句胜过三冬送暖。"在与领导沟通时，下属若是能适时说上几句赞美的话，这对于融洽上下级关系可以起到积极的作用。作为下属，要想拉近自己与领导之间的距离，要想使自己的工作更顺畅，那就要学会说一些可以让领导更容易接受的话。在这其中，真挚的赞美无疑是最好的捷径。

琳琳与总经理一起出差去外地谈判，谈判结束后，双方将文件放在桌子上，互相签字。琳琳站在一边，看总经理签字，凝神细看，发现那字写得特别漂亮。不过，碍于客户还在现场，琳琳不好将赞美的话说出口。

整个谈判过程结束后，琳琳与总经理一起出门走出饭店。这时琳琳才开口说："刚才看您签字，发现您的字写真漂亮，看来经理您也是一位文学雅士呢。"总经理笑了，谦虚地回答："哪里哪里，我只不过偏好写字，平时也有练书法的习惯。"琳琳惊讶极了，忍不住赞叹："真的吗？那真是少有的，在现在这个电脑写作的年代，像您这样还保持练书法的习惯，真是值得敬佩，看来我需要向您多学习学习。"本来总经理是话不多的人，但经过琳琳几句赞美之后，居然打开了话匣子，说起了自己酷爱的书法。

在大多数时候，尽管下属对领导的赞美并非全是出于内心真实的想法，但领导却很乐意听，面对来自下属的赞美很是自我陶醉。在社会学中，有一个著名的理论——人人需要肯定。这个理论揭示出，人们对于赞美的需求程度虽然

是不一样的，但只要是好话，谁听了都会受用。

每个人都需要赞美和激励，对于领导来说也不例外。在平时的工作中，对于领导的工作能力、穿衣打扮、说话方式等，只要你细心发现，就会察觉其实赞美领导是一件再简单不过的事情。比如，可以将建议换成对领导成就的适当赞美，那很有可能会因满足了领导的成就感而激发其向着我们所期待的方向发展，同时，还会让领导对自己有更多的好感，从而拉近上下级之间的距离。

## 职场上，赞美要不落俗套

美国著名心理学家威廉·詹姆斯曾说过：“人类本性上最深的企图之一是期望被赞美、钦佩、尊重。”我们可以毫不夸张地说，希望得到尊重和赞美，是人们内心深处的一种渴望。对于领导来说，在他们内心深处也有这样的渴望。一般而言，赞美是人们对美好事物、美好行为的褒扬性评价。从某种程度上说，赞美可以激发人的自豪感和优越感，并营造出美好的心情。当然，赞美并不是空泛的，而是需要抓住特点，有一定的针对性，换句话说，赞美需要不落俗套。如果领导长相漂亮，你仅仅以一句“您很漂亮”这样的话来赞美，未免显得有点单薄，丝毫没有创意。因为只要是眼睛能看见的人都会看到她很漂亮，也正因为这样，大多数对她的赞美都是“您很漂亮”。这样的话听得多了，就营造不出什么好的心情，领导也不会有什么感觉。可以说，你的赞美并没有达到目的。

王先生和夫人带着一位翻译同一位外商洽谈生意，外商见到夫人后，便夸赞道：“你的夫人真是太漂亮了！”王先生客气地说：“哪里，哪里。”翻译

听到这话，心想可碰到难题了，这“哪里、哪里”怎么翻译呢，最后，他翻译成了：“Where，Where？”外商听了，心中感到疑惑，心想，说你夫人漂亮就是漂亮呗，还非要问具体漂亮在哪里。于是，外商笑着回答说：“你的夫人眼睛漂亮，身材好，气质好……”说完，大家都哈哈大笑起来。

这个有趣的故事告诉我们，在赞美领导的时候，一定要在心里问自己“哪里、哪里”，领导漂亮在哪里，好在哪里，这样一来，你的赞美由于有了针对性而成功地打动领导，我们要明白，当我们赞美领导“真好”“真漂亮”时，他内心深处就立即会有一种心理期待，很想听听下文，到底“好在哪里”“漂亮在哪里”，这时如果没有针对性的表述，领导该是多么失望啊。

小蕾平日里嘴巴很甜，既漂亮又聪明，最惹领导喜欢的还是她那与众不同的赞美。小蕾的上司是一位海归女，平时很喜欢打扮，又很会搭配衣服，稍微一动手，就能变换出许多新衣服。有时候，看到领导不错的打扮，小蕾则会说：“你的穿着好有品位哦！”“品位”二字一下子就提升了档次，既不是漂亮，也不是新潮，而是品位，也难怪女上司听了，笑容更友好了。

如果是同样一身衣服，但女上司只是加了一条围巾，或增加了一条项链，小蕾也会甜甜地夸上一句，“项链不错哦，很精致”“围巾好有风格，很洋气”。她总是能将那些好的东西说得更好，赞美角度新颖而不落俗套，也因为如此，她与女上司之间的关系越来越密切。

赞美领导的话需要有新颖、独到之处。因为对领导者来说，一些比较俗套的赞美话语他是经常听到的，因此，他更希望听到一些与众不同的赞美，这样赞美的效果才能发挥到极致。

巴尔扎克说：“第一个形容女人为花的人，是聪明人；第二个这样形容的人，就一般了；第三个再将女人比喻为花的人，纯粹是笨蛋。”这段话给

我们一些启示：赞美是需要智慧和技巧的，而不是跟在别人后面，鹦鹉学舌，这样只会落入俗套，缺乏新意。下属赞美领导，需要挖掘出其身上不同的闪光点，从独特的视角去赞美，这样才会给领导留下深刻的印象。

## 不要生硬赞美

对领导的赞美要自然，那些悦耳、好听的语言就好像水到渠成一样，不做作，不矫饰，让领导一听就喜欢。相反，如果你的赞美太做作，故意用了大量虚伪的语言，会让领导生厌。赞美要自然，首先应该是建立在真实的基础之上，也就是你所赞美的地方，正是领导身上所存在的优点，这样你的赞美才是有效果的。

同时，赞美还应该注意语言修辞，不能太过矫饰，而注重淳朴自然，这样所表达出来的语言才是自然的、最容易打动人的。在某些时候，泛泛的赞美很快就让我们词穷了，除了真好、真棒、你是最棒的，超不过10个词，然后就没什么可说了。如果在领导面前，还是这样的句话，那就等于没说一样，这时我们可以将表达变得更自然一些，比如见到领导，不说她漂亮，而是说“今天的发型让你神采奕奕”。

有一位在公司做行政工作的王女士，漂亮又聪明，而且嘴巴很甜。王女士的领导十分喜欢打扮，很会搭配衣服，稍微一变换，就能变换出许多新衣服。而嘴巴很甜的王女士却成了这位领导烦恼的对象，因为王女士总是夸张地赞美自己，但那些赞美听起来让人很不是滋味。

这天早上一到公司，王女士那不舒服的赞美又来了：“哇，经理，又买了一套新衣服，对不对？颜色好艳丽哦，穿在你身上就是不一样，好像蒙娜丽莎。”蒙娜丽莎？有这样赞美人的吗？一点儿都不清楚蒙娜丽莎是谁就这样说

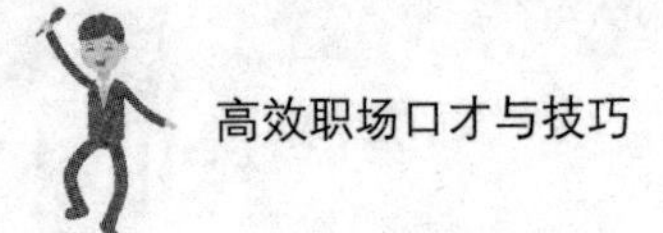



话，领导心里很不是滋味。过了一天，王女士又来了：“看看看！又是一套，很贵吧？还有项链、耳环，也是新的吧？我就是缺这样的本事，不像你每天都打扮得像花儿一样美丽。”花儿一样美丽？领导鸡皮疙瘩掉了一地。

在案例中，王女士对领导的赞美“打扮得像花儿一样美丽”“好像蒙娜丽莎”，就是生硬赞美，这样的比喻令人听了生厌，还不如不说。赞美缺乏了自然，就好像失去了真实一样，不仅不能打动领导，反而会让领导心生反感。

成功大师戴尔·卡耐基曾做过二流推销员，那确实是一段难忘的经历。当时，卡耐基对发动机、车油和部件设计之类的机械知识毫无兴趣，这样一来，他完全无法掌控自己推销产品的实质。

有一次，店里来了一个顾客，卡耐基立即走上去向他们推销货车，不过，他说的话却往往连货车的边都沾不上。顾客觉得卡耐基是一个疯子，这时，老板气愤地走过来，大声吼道：“戴尔，你是在卖货车还是在演说？告诉你，明天再卖不出去东西，我会让你滚蛋。”这下卡耐基着急了，如果丢失了这份工作，将意味着自己无法生存了。

于是，卡耐基立即说：“老板，你是最仁慈的老板了，有了你，我才吃上了面包。你放心，为了你让我可以吃上面包，我会好好干的，而且，瞧你今天穿得多精神啊，相信你今天的生意会一帆风顺的。”被赞美了几句，老板的气也消了，也再没说过解雇的事情了。

仔细回味卡耐基对老板的赞美，虽有夸张之嫌，但听上去很自然。“老板，你是最仁慈的老板了，有了你，我才吃上了面包，你放心，为了你让我可以吃上面包，我会好好干的”，这样的话语正表现出老板的重要性，而这正是老板所希望听到了。于是，在这样一句赞美的话之后，老板气也消了，再也不提解雇的事了，这实际上就是赞美的功效。

对领导的赞美是最不容易把握的，关键就是需要表现出自然的味道。如果变了味，那难免会有溜须拍马之嫌，一旦被领导听出来，他也是极其反感的。自然而真实的赞美，才是领导所需要的，比如“经理，您的字刚劲有力，一看就是很有功底的高手”，既真实地说出领导的长处，又达到了赞美的目的。

## 把握好赞美和谄媚的区别

在这个世界，任何事情都没有绝对的好坏，这就告诉我们凡事需要掌握一定的分寸，比如赞美，不要将赞美变成了谄媚。赞美领导也是一种智慧，不偏不倚，不能太夸张，太虚假，让领导觉得你是在谄媚；也不能太随意，将赞美的话说得苍白无力，让领导感觉不到你是在赞美。即便是说好话，也需要掌握恰当的分寸，你所掌握的分寸不同，其产生的效果也是不同的。如果赞美恰当，那就是一种艺术，一种智慧；而过分夸张的赞美则很容易会给领导一种溜须拍马的感觉，这样的赞美反而会惹领导生厌。

小王去一家小公司的老板那里推销保险。刚刚进入办公室，他便开口赞美起了那位年轻的老板：“您这样年轻，就能当上了老板，真了不起，能请教一下，您是多少岁开始工作的吗？”那位老板回答说：“18岁。”小王声音一下子提高了：“18岁？天哪，真是了不起，在您这个年龄，很多人还在父母面前撒娇呢，那您是什么时候开始当老板的呢？”老板有点不耐烦地回答：“2年前。”小王又很惊奇地说：“哇，才做了两年的老板就已经有如此气度，一般人还真培养不出来。对了，您怎么这么早就出来工作了呢？”

老板脸色有点不悦，但还是礼貌地回答："因为家里只有我和妹妹，家里穷，为了能让妹妹上学，我就出来干活了。"小王一时不知道该说什么好，就说："你妹妹也很了不起啊，你们都很了不起啊。"就这样一问一句赞美，最后竟然将那位年轻老板的五姑六婶七舅妈都赞美了个遍，话题越说越远了。本来那位老板打算购买小王的保险的，但最后他决定不买了。

仔细看这个案例，我们会发现，小王最终推销失败，原因在于他的赞美没完没了。可能在刚开始的时候，那位老板听到几句赞美，心里还是高兴的，但小王越说越多，让那位老板变得不胜其烦。

有一次，领导亲自为一个重要的客户赶一个策划方案，完成之后，领导还是象征性地拿到大会上让下属评论一番，一来说不定还真的能发现好的建议，二来可以看看谁才是真正佩服自己的，谁懂得满足自己的虚荣心。

当领导的文案拿出来时，下属小李脱口而出："到底是领导啊，真是技高一筹！领导走过的桥比我们走过的路还多，这次真是大开眼界了，我怎么没有想到呢？"听了这样一句话之后，老板满是得意的表情，嘴角还挂着骄傲的微笑。

赞美领导若是能恰如其分，恰到好处，会让领导感到很舒服。但是，赞美太过了，往往会造成过犹不及的感觉，会让你的赞美没有新鲜感，会让领导有些吃不消，从而会质疑赞美的真诚度。赞美是一种满足领导心理需要的行为，是尊重领导的一种表现。但是，赞美也是需要把握分寸的，太多的赞美会变成谄媚。因此，在赞美领导时，我们需要发自内心，态度真诚，而且需要有充分的理由。不仅如此，还需要在必要和适当的时候去赞美，这样的赞美，领导才乐意接受，才会报之以微笑。

真正懂得赞美领导的下属，会把握好分寸和火候，张弛有度，收放自

如。相比较恰当的批评，好的赞美更像是一门艺术，而那些过分的赞美听上去像是谄媚一样，如此糟糕的赞美还不如不说，因为赞美已经失去了它应有的效果。

## 在实例中隐含赞美，让人心生欢喜

在工作中，下属在赞美领导时，不是说几句简单的话就能奏效的，好的赞美还需要在话语中列举事实，让领导感到被赞美得很贴心。赞美为什么能够打动人心？就是因为赞美贵在贴心，好的赞美，总是让人感到很舒服，如沐春风。在赞美领导时，列举事实，也就是你需要列举出领导哪些地方值得赞美，或者说其做过的什么事情值得你敬佩，这样一说出来，就会让你的赞美言之有据，很有说服力。通常情况下，几乎所有的下属都在工作中学会了一项本领，那就是赞美。他们会以各种各样的方式来赞美领导，也正因为如此，领导已经习惯了下属的赞美，他听了很多的赞美。一旦再次听到下属的赞美，他很明白这些不过是下属想讨好自己所使用的手段，或者说得好听一点，那是对自己的一种尊重。在这种情况下，如果你仅仅是几句话就想打动领导的心，那是不可能的，你必须学会更厉害的赞美方式，那就是列举出领导具体的事实，这样的赞美足以让领导心服口服，自然他对你也会另眼相看。

有一次，王先生到一位擅长书法的领导张局长家里拜访，几句话寒暄之后，话题很快就转到了书法上。只听到王先生很谦虚地说："张局长，这些年我虽然努力练字，书法水平却提高很慢，恐怕是不得要领，我见您客厅这幅字真是不错，我能请您稍微透露一点秘诀吗？"

张局长听了这样的话，马上来了兴致，他开始滔滔不绝地讲起了自己的书法经："我最大的体会就是，练字要做无剑胜有剑，就像令狐冲练剑一样，平

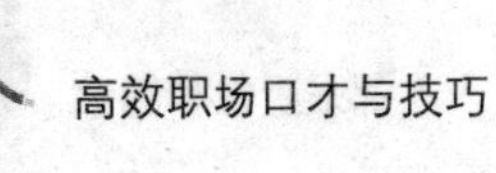


时心中多揣测，多看多记，关键在于心得，不一定非要整天坐在那里练字不可……”王先生很高兴地说：“现在我可得到您的真传了，以后我一定要用心练字，相信肯定能大有长进。”听了这样的话，张局长很开心，临别时还送了王先生几幅字让他临摹。

案例中，张局长挂在客厅里的那幅书法作品，估计很多人都赞赏过，张局长已经习惯了。但那些赞赏那副书法作品的人中，从来没有一位像王先生一样向自己请教，好像真的对书法感兴趣，而并不是假意奉承自己。在这里，王先生对张局长的赞美，例举了张局长“书法造诣较高”的事实，至此才有后面的“请教”。就这样，王先生将几句赞美的话不着痕迹地送到了张局长的心里。

一般而言，如果你实在列举不出领导的事实依据，那就朝着他的兴趣爱好着手，因为一般的规律是爱什么懂什么。领导若是爱好书法，必定有丰富的书法知识；一个领导爱好钓鱼，那他钓鱼的经验也会很丰富。如果你想不出赞美领导别的什么，就不妨从“请教”下手，因为你没有必要恭维其爱好怎么样怎么样，这样的话领导听得太多。在这样的情况下，你只需要针对其擅长的方面，虚心讨教一番，毕恭毕敬，那领导定会乐意向你传授其中的方法。

## 背后的赞美更能起到好的效果

通常情况下，赞美往往是当面指出别人的长处和优点。但在很多时候，如果我们能巧借第三方进行“背后赞美”，在别人背后说其好话，往往会让赞美取得更好的效果。在日常工作中，如果你觉得当面赞美领导有些别扭，或者会让领导感觉有拍马屁之嫌，不妨采用间接赞美，也就是巧借第三人来对领导进

行赞扬。背后赞美领导，这是各种赞美方式中最让人高兴的。如果在某一天，有人告诉你：谁谁在背后说了许多关于你的好话，那时你的心里肯定是甜滋滋的。这样一些赞美的话语，如果是当面说给你听，可能会让你感觉到虚假，甚至会怀疑其背后的别有用心，而间接的赞美，则正好可以凸显赞美的效果。

小王在与同事聊天时，随意说了几句上司的好话："张经理这个人真不错，办事比较公正，我来公司一年多了，他在各方面对我的帮助都挺大的，能够遇到这样的上司，真是我的幸运。"没过多久，这几句话就传到张经理的耳朵里，令经理心中既欣慰又感动，就连那位同事在向经理传达这几句话的时候，都忍不住夸赞一番："小王这人真不错，心胸开阔，难得啊。"

年底分发奖金时，小王觉得自己这一年表现得不错，想争取一下。对此，他敲开了张经理的门，经理满脸热情："小王，有什么事吗？"小王有些不好意思："张经理，又来麻烦你，真是不好意思，年底发奖金的时候，我想争取一下，你看我合格不？"张经理笑了起来："这事啊，好说，我老早就觉得你小伙子不错，放心，这件事我一定放在心里。"

有时候，在背后赞美几句的功效比当面说似乎更有效果，小王那看似随意的几句话，使自己在张经理心中的形象一下子就提高了，以后工作自然就容易多了。

间接赞美为什么会有那么大的效果呢？因为大多数人觉得，当面说的好话不算好话，背后说的好话才是好话，因此，人们更愿意相信背后所说的好话，会更欣赏那些在背后赞美自己的人。

其实，背后赞美他人比当面恭维的效果好得多，如果当面赞美，有可能会被认为这是拍马屁，同时，领导脸上也会挂不住，会觉得赞美不够真诚。那么，趁着领导不在场的时候，赞美几句，总有一天，这话会传到领导耳朵里，

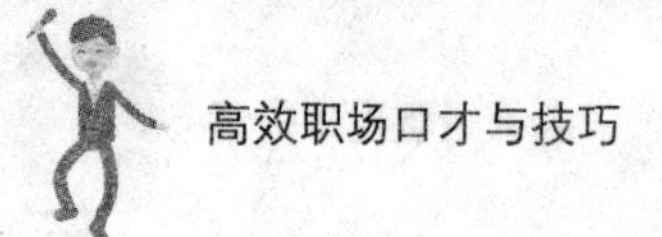


心里自然是美滋滋的，这样一来，赞美领导的目的就达到了。

## 旁敲侧击赞美领导周围的人、事、物

中国传统文化强调为人谦逊委婉，因此，许多人都没有赞美别人的习惯。但在这里，我们不仅强调赞美领导，而且还需要学会赞美领导身边的亲人。在生活中，我们都有这样的经历：做父母的，当听到有人赞美自己的孩子时，这比赞美自己还高兴；做儿女的，当听到有人赞美自己的父母，这也比赞美自己还高兴。这其实是很正常的情绪反映，我们往往会觉得身边的亲人是重要的，他们与我们是一个整体，甚至比我们自己还重要。如果有人赞美了他们，就好像在赞美自己一样，不，应该是比赞美自己所带来的感觉还强烈，那是一种“家”带来的荣誉感和骄傲感。因为我们来源于那个家，我们是家里的一分子，就好像有人说亲人的坏话，那比打自己耳光还难受，就好像自己也被侮辱了似的。领导也是一样的心理。当你觉得赞美领导已经成了一种习惯，那不妨偶尔赞美领导的亲人，以侧面的赞美方式赢得领导的青睐。

这天中午，一位白发苍苍的老妈妈来到了办公室，指名说：“我来找你们的王经理。”职员小苏亲切地招呼：“请问，您找我们王经理有什么事情吗？”老妈妈笑呵呵地回答说：“我是他母亲，早上他出门的时候，忘记带文件了，我中午正好没事就给他送过来，我已经跟他打了电话，他说正在外面办事，一会儿就回来。”小苏仔细观察了那位老妈妈，亲切地说：“嗯，那您先坐下休息会吧，一会儿王经理就回来了。”老妈妈点点头。

因为中午午休，办公室人很少，小苏与老妈妈一边等王经理一边聊了起来。小苏说道：“您老身体可真硬朗，今天好像电梯坏了，这四五层的，您是走楼梯上来的吧。”老妈妈毫不在意地说：“没事的，才五楼，我以前住的

是七楼，那是旧房子，没装电梯，天天出门买菜、遛弯都是爬楼梯，我都习惯了，要说我身子硬朗，都是那会儿锻炼出来的……”王经理回来的时候，两人聊得正起劲。

下午小苏进办公室的时候，王经理意外地问道：“小苏，今天中午，你都跟我母亲聊了些什么？”小苏微笑着回答：“就随便聊了聊，拉拉家常，我发现她老人家身体真是硬朗，而且很健谈，心态也很年轻，她还跟我讲述网上购物的事情呢。”王经理也笑了：“那当然了，我母亲以前是中学老师，天天上课，能不会说吗？现在天天泡在网上，都成了网络达人了……”

案例中，由于小苏对王经理母亲的赞美，使得上下级之间多了沟通，而王经理也卸下了领导的身份，像一个普通子女一样聊自己的母亲。小苏在赞美经理母亲时，无论是在他母亲面前所说的话，还是在经理面前所说的赞美，都是很恰当的，主要针对母亲这个年龄来赞美，而不是张口就说“你母亲真伟大，培养出了你这样出色的儿子”，这样的赞美未免就显得很“官方”，让人感觉不到真诚。

当然，赞美领导的亲人，也是需要讲究方法和技巧的。你不能逮着领导的孩子就说“这小孩真聪明，从小就是一副领导样”，这样的赞美牵强地与领导自身联系起来，只会让领导觉得别扭。其实，赞美领导亲人的方法并不难，你只需要遵循一个原则：针对其年龄展开赞美。通常情况下，领导的亲人有老有小，如果是老人，则赞美身体硬朗，心态年轻；如果是小孩，则赞美天真活泼，聪明可爱。针对年龄的赞美是最恰当的，因为每个年龄有每个年龄需要赞美的东西，你只需要稍微思考，就可以说出恰当的赞美之词。

# 第九章　职场中赢得领导信任的口才技巧

聪明的下属善于在与领导沟通过程中，巧妙地运用语言表达自己的忠诚，从而博得领导的信任，比如主动汇报工作，表达自己的忠诚，偶尔来几句有担当的话，对领导绝对服从等，这些语言都可以为你赢得领导的信任。

## 工作汇报及时主动，让领导重视你

在日常工作中，下属有一项看起来比较琐碎但实际很简单的工作，那就是——向领导汇报工作。汇报工作可以分为主动汇报和被动汇报。主动汇报就是自己主动向领导汇报工作的进展情况，被动汇报工作就是当领导询问起来时，下属所作的汇报。对于领导而言，他们都乐意听取工作汇报。但在现实工作中，许多年轻人将向领导汇报工作看作一件无关紧要的事情，甚至觉得如果自己主动向领导汇报工作有溜须拍马、阿谀奉承之嫌。他们天真地以为，只要自己出色、圆满地完成了任务，就万事大吉了。一旦领导看到自己的工作能力，自然就会作出公正的判断。但结果是，这些有着天真想法的下属并没有得到应有的重视。

一般而言，领导所部署的工作是极其繁杂的，所完成的时间也有所差异。有的可能只是整理文档的工作，这样的工作时间算是比较短的；有的则是写调查报告，估计得一个月才能完成。工作时间的长度不一样，下属的做法就应该不一样。对于那些较长时间才能完成的工作，则需要经常地向领导汇报工作进

度情况，让领导及时地了解自己的工作进度。但遗憾的是，大部分的下属都缺少这种习惯。实际上，如果下属不主动汇报自己的工作，这会让领导产生疑问：下属每天都在忙，到底在忙些什么呢？因此，作为下属，一定要养成主动汇报工作的习惯，这会让领导更放心。如果你能及时地、主动地向领导汇报工作，一旦出现问题，就可以及时地得到纠正。

小辉是一位工作能力比较强的人，他来公司已经近两年了，虽说为公司做出了不少成绩，但却得不到领导的重用。小辉百思不得其解，同事中那些不如自己的人，个个都混得一官半职，就只有自己还在原地踏步。

这天小辉在公司值班，他们公司是生产玻璃瓶子的，他平时工作就很细心，容不得半点差错。因此，小辉几乎是不敢眯眼的，两只眼睛盯着机器的运转，希望每个环节都不要出事。可就在小辉巡视车间时，发现本来均匀的原材料竟然冒出了气泡，这可是不合格的。怎么办？小辉看了看时间，已经是23时了，这么晚了，估计领导都休息了，自己先看着，明天再汇报吧。结果小辉一晚上没合眼，幸亏那气泡不是很严重，只出了十几个次品，小辉也没打算向领导汇报这个情况。

不知道领导在哪里知道了这件事，赶紧让小辉去了办公室，领导大发雷霆。拍着桌子说："你为什么不主动向我汇报产品的情况？你知不知道像昨晚那种情况，如果不是今天这样的结果，你几乎酿成大错，小辉，你不是一直很想知道自己为什么不被重用吗？其实原因很简单，因为你从来没向我主动汇报过工作，我不知道你一天在忙什么，忙出一些什么成绩，如果你不与我交流，我怎么了解你工作的相关情况呢？又怎么会重用你呢？"

案例中，由于小辉从来不主动向领导汇报工作，结果让领导失去了对他的信任，即便他很有工作能力，但若不及时与领导沟通，再大的本事也枉然。作为下属，主动及时地向领导汇报工作，不仅让领导对你很放心，还会让你与领导之间建立良好的互信关系，让领导可以主动地对你的工作予以指导，从而帮

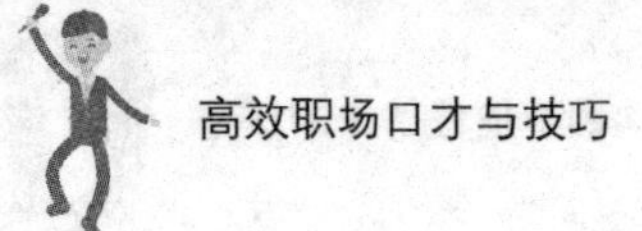


助你更顺利地完成工作。

有的下属不愿意主动向领导汇报工作，其实是没有摆正好心态。他们对领导存有畏惧之心。有的下属，特别担心在工作中出现纰漏或错误，唯恐领导责备，害怕向领导说工作的情况；有的下属迫于周围同事的压力，他们认为多向领导汇报工作就会被同事误认为是在打小报告，最终这样的心态影响了他们汇报工作的态度。对此，下属应该清楚，主动汇报工作本身就是一种工作，你越是能及时主动地汇报，领导就越放心。再说，身正不怕影子斜，只要你是真的在汇报工作，管其他同事说什么，做好自己的工作就行了。

## 及时表达担当之言，获得领导信任

担当，就是有承担责任的勇气。当领导在安排工作时，我们就可以用担当之言，向领导和同事展示自己的能力和实力。“担当之言”的替代词是——军令状。在现代社会，领导也很渴望下属在自己面前立下军令状，也就是接受某项重大任务后写的保证书。担当之言，可以给上下级都带来很实际的作用。对下属来说，自己表露了担当之言，这就会成为一种动力，促使自己更有效、更快速、更完美地完成工作；而对于领导而言，有了下属的担当之言，他对所要完成的工作既放心又有信心。更为关键的是，在下属表露担当之言时，领导很容易会被下属的精神所感动。

诸葛亮斩马谡可以说是千古传诵的故事。在这里，我们以另外的角度来欣赏这个故事：

当时，诸葛亮为了实现统一大业，发动了一场北伐曹魏的战争，他命令赵

云、邓芝为疑军，占领箕谷，他则亲自率领10万大军，突袭魏军据守的祁山。谁作为前锋，镇守战略要塞街亭呢？作为诸葛亮身边的得力助手，马谡主动请缨，愿意担此重任。诸葛亮有些犹豫，虽然马谡熟读兵书，但从未实践过，真的可行吗？这时赤胆忠心的马谡马上立下了军令状，如果不能完成这一重任，愿以取下项上人头。诸葛亮看到了马谡内心的担当，答应了他的请求，但临出发前再三叮嘱："街亭虽小，关系重大，它是通往汉中的咽喉。如果失掉街亭，我军必败。"

马谡当然知道街亭的重要性，但他太过自信，虽然熟读兵书，但这么多年都是纸上谈兵。因此，在军事部署上，他擅自做主，将大军部署在远离水源的街亭山上，旁边的副将劝阻，马谡却是不听，反而显得很自信。结果，这样的部署为后面的失掉街亭埋下伏笔。曹魏那边，在司马懿的策划之下，最终街亭失守，战局骤变，迫使诸葛亮退回汉中。

作为主要将领的马谡，将对这件事负全责，临刑前，马谡上书诸葛亮："丞相待我亲如子，我待丞相敬如父。这次我违背节度，招致兵败，军令难容，丞相将我斩首，以诫后人，我罪有应得，死而无怨，只是恳望丞相以后能照顾好我一家妻儿老小，这样我死后也就放心了。"诸葛亮只好挥泪斩马谡。

在这个案例中，我们姑且不去论马谡大意失掉了街亭，但就马谡在接到任务之前所立下的军令状以及临刑前的那番话，足以见其赤胆忠心："丞相待我亲如子，我待丞相敬如父。这次我违背节度，招致兵败，军令难容，丞相将我斩首，以诫后人，我罪有应得，死而无怨。" 马谡话语中尽显担当之言，也难怪诸葛亮会"挥泪"，失去这样一个赤胆忠心的下属，确实痛心疾首啊。

在日常工作中，特别是接受急、难、险、重等特殊任务时，下属要善于表达自己的担当之言，这样领导才会感受到你内心的担当与责任。可以向领导

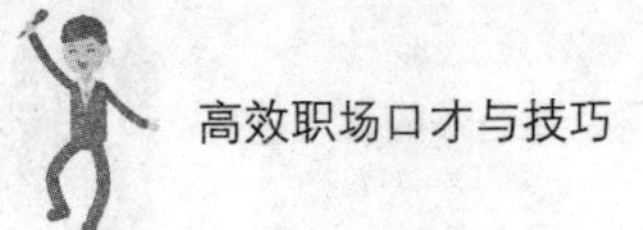



保证“我会好好干的”“您放心，这件事交给我去做没有问题的”“您所说的每个细节我都记下了，我一定不会让您失望的”。通过这样一些语言，一方面可以让领导放心，吃一颗定心丸；另一方面，可以让领导感受到自己对完成工作所具备的实力与能力以及那份炽热与激情。

## 做好本职工作，不说任何推卸责任的话

下属对领导应该绝对地服从，当然，这只是局限在工作上。但仅仅只是工作的事情，许多下属也难以办到，因为他们总是喜欢推卸责任。在工作中，每个下属都应该有责任心，责任是个人对工作所负责的认识、情感和信念以及与之相应的遵守规范、承担责任和履行义务的自觉态度。责任是一个人应该具备的基本素养，是健全人格的基础，也是德商的组成部分。对下属而言，责任是个人价值实现的基础。因此，培养对工作的责任心，是对自己职场生涯发展的负责。不懂得负责，不懂得责任重要性的人难以获得成功，更难以赢得领导的青睐。而那些凡事能够作出一番成就的人，都是懂得为自己的过失买单并且敢于承担责任的人。

在工作中，下属应该努力把自己培养成一个负责的员工，绝对服从领导的指挥。当下属可以主动、自觉地尽职尽责，就可以获得满意的情感体验，同时，还可以赢得领导赞许的目光。或许，你的工作能力是不如意的，但你的工作态度却是极其值得赞许的。反之，当你总是推卸责任，不能尽责时，领导就会觉得你是一个毫无作为的人，既然已经做错了，失败了，为什么连责任也一起推掉呢？对此，如果工作中真的需要自己去承担某一部分责任，作为下属，我们应该当仁不让，努力做一个绝对服从的好员工。

上周一，王经理将接待客户的事情交给了下属小张。当时，距离客户实际

到达时间提前了好几天。因此，王经理是这样交代的：“之所以提前这么多天向你布置这个工作，是因为这个客户很挑剔，比如所定的酒店以及餐饮，他都有严格的要求，因此你需要花几天时间去准备，切记做到万无一失。”小张点点头，拍着胸脯保证：“王经理，放心吧，我一定会办好的。”

谁知，经过多天的准备，在接待客户时还是出现了问题。那位脾气很大的客户直接打电话给总公司投诉，而作为负责这件工作的王经理首先被批评了一顿。王经理回到办公室，他找来了具体负责接待客户的小张，质问道：“我给你一周的准备时间，你都干嘛了？”小张低着头，辩解：“本来我也是做足了准备工作的，谁料，这个客户比传说中还苛刻，我真是受不了。由于宾馆无线网络设置不太好，结果也成了他投诉我们的理由……”王经理听了很生气，说道：“事情没办好，你倒推卸起责任来，我当时可是很明白地告诉你，这个客户很重要，同时很挑剔，希望你能与之好好协商，将所有的住宿工作安排妥当，结果你呢？现在竟然跟我东扯西扯，你觉得这是你应有的工作态度吗？”小张嘟哝着：“这件事本来就是这样。”王经理挥了挥手：“现在我也不想跟你说下去了，你下去写份检讨书。”

在案例中，小张所说的“本来我也是做足了准备工作的，谁料，这个客户比传说中还苛刻，我真是受不了。由于宾馆无线网络设置不太好，结果也成了他投诉我们的理由……”“这件事本来就是这样”，这些都是推卸责任的借口。在职场上，这样的下属不在少数，他们在应承的时候，总是拍着胸脯说“没事，包在我身上”，一旦事情没办好，就开始推卸责任。这种类型的下属只会让领导厌恶，从而不再信任你。对此，下属对于领导，一定要绝对服从，绝不说推卸责任的话。

在工作中，下属对领导的服从不仅表现在行为上，还需要在语言中表现

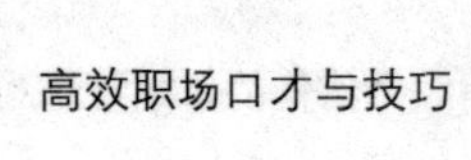


出来。比如，接到领导布置的任务，只要自己能应付过来，就需要顺从“行，没问题”；当工作在进展中出现了一些问题，也要善于服从，接受领导的批评，主动承认自己的失误“实在不好意思，这次都是我的疏忽大意，我会负责到底的”。作为下属不仅说到，更需要做到。这样领导才会感觉到你的责任心，才会信任你。

## 工作中避免抱怨，多传播正能量

工作中可能会有很多烦心的事情，比如刁钻的客户、使坏的同事、严厉的领导等，这些事情简直可以说是烦不胜烦。于是，下属开始见人就抱怨了，一边埋头工作，一边对工作不满；一边在完成任务，一边愁眉苦脸。这样的场景若是被领导看见了，他会认为你是一个干扰工作、爱发牢骚的人，只知道对工作环境发牢骚、泄怨愤。可能有的下属希望工作和环境秩序好一点，却不能在适当的场合用适当的方式认真地提出来，而只是一味地抱怨。这样一来，同事会认为你很难相处，领导也会认为你没把精力放在工作上。结果，升级、加薪的机会都被别人抢去了，而你只有抱怨，抱怨完了这个抱怨那个，一年到头，估计没抱怨的时间很少。实际上，领导是最反感那些有事没事抱怨的下属，因为领导的工作已经够忙的了，他根本没有心情来听你抱怨。所以，作为下属，需要避免抱怨，而是要向领导表现出工作的快乐。

小娜在一家广告公司做文案，她正是因太喜欢抱怨而影响到了自己的工作，更为关键的是，她犯了在领导面前抱怨的大忌。

有一天，她正为不知道新品牌的牙膏该如何表现出独一无二的清新感，在电脑桌前伤透脑筋时，领导迎面走来，问道：“小娜，还好吗？工作进展得怎么样了？”小娜带着无力的眼神说：“我正在苦思当中，但我很难想出新的创

意。”接着，小娜略带抱怨地诉苦道：“这家广告客户真是够愚蠢的，艺术指导能力不足，业务经理又混，也许事情总是物极必反，越大的公司越容易走下坡路。”就在小娜说完最后一句话，只听领导丢下一句话：“我朋友大概快来了，偏偏眼睛有点不舒服。”眨了眨眼睛后，领导就慢慢走回了办公室。

在这次简短谈话后的几个月内，曾是公司里最炙手可热的广告新星小娜发现自己不再是重要广告案的一员了。受挫的她想请领导解释一下其中的原因，这次领导一改往日的温和态度说：“你根本无法专注于工作，只是抱怨客户的要求太苛刻，大案交给你我能放心吗？”

没想到，因为在领导面前抱怨几句，就直接影响到自己的工作。仔细揣摩领导所说的话，我们可以明白，当员工一直以抱怨的心态工作，他就难以将工作完成得很好。

约翰是麦当劳的一名普通员工，每天的工作就是不停地做很多相同的汉堡，没有什么新意，但是他从来不抱怨，而是非常快乐，从来都是用满怀善意的微笑来面对他的顾客，几年来一直如此。他的这种真挚的快乐，感染了很多人。有人不禁问他，为什么对这样一种毫无变化的工作感到快乐？究竟什么让他充满热情？

约翰回答道：“我每做出一个汉堡，就知道一定会有人因为它的美味而感到快乐，那我也就感到了我的作品带来的成功，这是多么美好的事情。我每天都会感谢上天给我这么好的一份工作。”

由于约翰的快乐心情，这家店的生意越来越好，名气也越来越大，最后这事终于传到了麦当劳公司总管的耳朵里，于是，约翰得到了总公司的一个重要职位。

喜欢抱怨的人，其内心是消极的，他们总是处于失望、绝望的情绪中，发现工作中没有一件事情是称心如意的。于是，他们以抱怨的方式来发泄内心的糟糕情绪，但越是抱怨，却发现情绪越来越差，其他什么都没改变。久而久之，他们抱怨就成了一种习惯，经常会在领导面前抱怨：“我已经连续加班一个月了，这样下去我怎么受得了”“这个案子真的好难写，我实在写不下去了”。而聪明的下属则总是在领导面前表现自己快乐的一面，这会在某种程度上感染领导，从而获得领导的赏识。

实际上，在领导面前抱怨根本不是明智的举动，除了把他的心情也变得糟糕以外，你得不到任何的帮助。睿智的领导者觉得，一个经常抱怨的下属是难以成大事的，因为当别的同事在努力工作时，他却在抱怨工作进展不利。反之，一个能从极其枯燥的工作中感受到快乐的下属，是很容易成大事的，因为他积极乐观。

## 恪守本分，安分守己

曾国藩说：“安分竭力，泊然如一无所求者，不过二年，则必为上官僚友所钦属也。”意思是说，只要你在工作岗位上安守本分，竭力做事，内心淡泊宁静，一无所求，不超过两年，就一定会受到领导的赏识和认可。曾国藩所倡导的是中庸之道，即便你比领导再有能力，也需要循规蹈矩，安分守己，千万不要在办公室或同事面前说一些越位的话，即使你不是当着领导的面说这些话，但这些话总有一天会传进领导耳朵里，到时候你只能吃不了兜着走。可能，有的下属对“安分守己”这个词语颇有微词，似乎觉得这样一种态度是消极的，对自己的职业前途的发展没有什么帮助。但是，下属需要记住这样一句话：职场如战场。当我们羽翼未丰时，最好是恪守自己的本分，安分守己，做一个顺从的下属。

在中国近代史上，王闿运一向以霸才自居，他曾先后三次奉劝曾国藩自立，但曾国藩都予以拒绝。首次劝其自立不成，王闿运又再度入府，喋喋不休地谈论，意为“彼可取而代之”，但是，曾国藩却正襟危坐，以食指蘸杯中的茶汁，点点划划，写下一个“妄”字。

几年过去，当时，曾国藩正准备北上，王闿运再次拜访，这一次，王闿运像换了一个人似的，刚开始并不说规劝的话，只是与曾国藩聊学问，他对曾国藩说：“公之文，从韩愈以追西汉，逆而难，若自诸葛、魏武帝以人东汉，则顺而易。”曾国藩听得津津有味，时而颔首微笑。不过，王闿运说着说着，就转移了话题，隐隐透出话外之意，想让曾国藩做曹操。曾国藩表现得异常平静，假装没听懂话中之意，王闿运只好悻悻而归。

在案例中，面对同僚的屡屡劝说，曾国藩始终不为所动，当时自己手中有兵权，而且自身有较强的作战能力。但曾国藩不仅拒绝了同僚的劝说，而且连一句越位的话都没说，他始终安分守己，不予所动，不敢越雷池一步，如此的忠君行为，令人赞叹不已。

小李在公司工作五年了，一直担任总经理秘书。在公司，大家都知道这位红人，他几乎可以决定公司大大小小的事情，其风头都快盖过了总经理本人了。有时候，与朋友闲聊之间，小李都忍不住大方厥词：“现在这个公司，差不多都是我在掌控了，总算对得起我在这里待的五年啊。”要好的朋友相劝：“你这样的状态比较危险啊，如果你的上司察觉到你的威胁性，就会毫不犹豫地选择弃用你，还是谨慎一点好，毕竟在这么大的公司，那些风言风语免不了会传进上司的耳朵里。”这时候，小李总是哈哈大笑：“没事，他最看重的就是我。”

有一次，总经理去外地出差了，公司只留了小李这个秘书。赶巧的是，公司来了一位大客户，小李决定不请示总经理，自己接待这个客户了，等谈成了这笔业务，再打电话给总经理，给他一个惊喜。同时，也可以稳固自己在公司的地位。可是，没想到，小李高估了自己的能力，大客户并没有答应签订合约，而是给予考虑之辞。小李当即打电话给总经理，在外地的总经理大发脾气："谁让你自作主张的？"再加上总经理时常在公司听到一些风言风语，使得他对小李完全失去了信任。

在职场，时常有一些地位高、名气大的人陷入了事业的困境，原因之一就在于不懂得安分守己，总是说一些越位的话，以为自己是有功之臣。可是，他们都忽视了一个重要的问题，那就是遵守公司的规矩，如果你真的为公司尽力了，领导也会看在心里。

在现代社会，许多人无所顾忌，任意妄为，大胆跨越雷池，总是事事敢为人先。其实，他们并不知道，任何一个在名利之下的诱惑，可能都隐藏着一个陷阱，你的言语稍有越位，就有可能落入圈套，到时候，你就再也没机会起来。事实上，每一位领导都有危机感，当身边的人号召力越来越强，他会毫不犹豫地选择"排除异己"。因此，遵守规矩，安分守己才是稳妥之道。

# 第十章　努力表现，大胆把自己的优点说出来

在日常工作中，下属与领导进行沟通与交流，还需要通过语言表达出自己的精明能干，会说话更容易获得领导的器重。

## 有技巧地汇报工作进展情况

作为下属，会经常向领导汇报工作，对于工作中出现的成绩和缺点怎么处理呢？是报喜不报忧？还是先报喜后报忧？其实，对于工作中的报喜报忧是有技巧的，不能避重就轻，而是正确认识和处理“报喜”和“报忧”的关系，这对于上下级之间提高信息质量，增强信息有效性有着重要的作用。对下属而言，就是要有喜报喜，有忧报忧，及时将工作中出现的问题和成绩提供给领导，这是下属的一项重要工作。毫无疑问，无论做哪项工作，必然会产生这样或那样的困难和问题，必然会有许多不尽如人意的地方。同时，在工作进展过程中会突发一些意想不到的问题，准确、及时地将这些信息提供给领导，这是下属义不容辞的责任。报喜报忧是汇报工作的两个方面，都是重中之重。实际上，对于领导来说，报忧比报喜具有更加重要的意义。之所以提出这样的看法，并不是让下属只报忧不报喜，而是真的有问题出现的时候，报忧这个环节是不能忽视的。

下属在汇报工作中，要敢于报喜中之忧。报忧是很重要的，尤其是在工作比较顺利的时候，往往会出现一片叫好声，很容易让所有的人头脑发热。在这样的情况下，就要注意隐藏在喜讯背后的问题和矛盾，下属应及时准确地向领

导反映真实情况和问题，以免小忧变大忧，引发更严重的问题和矛盾。当然，下属也要善于报忧中之喜，这里所说的“忧中之喜”有两层含义：一是忧中找喜，向领导报忧，并不是为了报忧而报忧，其目的是发现问题，解决问题。这需要我们在报忧的时候，善于发现已经解决得比较好的方法，帮助领导注意困难和问题，同时也找到可以解决问题的办法；二就是需要转忧为喜，一些本来忧虑的情况汇报之后，引起了领导的重视，提出了解决问题的意见，在协助其他部门解决问题的同时，对于那些凡是有指导性的意见和建议，还需要及时提供给其他部门，引起大家的警觉。如此就可以避免很多问题的发生，可以说虽然是报忧，但却做了让人高兴的事情。

王主任在工作中一直秉承着“报喜不报忧”的原则，在过去，他也曾报喜又报忧，但在报喜的时候，领导就会眉开眼笑；转眼到了报忧的时候，领导就会横挑鼻子竖挑眼。这个场面见多了，王主任就总结出了一条原则：一定不能报忧，而是报喜。同时，在王主任看来，如果自己总是报喜，那不就证明自己工作做得好吗？这样一来，受到领导的提拔是早晚的事情。

没想到，前不久王主任却因为自己引以为豪的原则而坏了事。最近，前任领导下马了，调来了新的领导。虽说换了领导，但王主任之前所倡导的原则还是没变。他三天两头往办公室里跑，所汇报的都是工作中的成绩：“从上个季度的报表来看，业绩简直是直线上升啊”“这次多亏了部门的各位同事，将工作完成得非常漂亮”……汇报次数多了，新的领导也疑惑了，忍不住问道：“王主任，咱们公司就没有什么问题出现吗？你跟我汇报的可尽是成绩，可我怎么听说去年一年的时间，咱们公司就亏损了几百万呢？”王主任支支吾吾：“这，这，这，我也不知道怎么回事啊。”

新来的领导看出了端倪，马上成立了一个调查小组，将公司所有的财务报表整理出来，领导赫然发现，在报表上每次出现的尽是亏损，但王主任却虚报说业绩直线上升。事实俱在，王主任也不好说什么，最后只好灰溜溜地卷铺盖

回家了。

在工作中，诸如王主任这样“报喜不报忧”的现象不在少数，下属在向领导汇报工作时，在罗列成绩时就大加手笔、浓墨重彩，而谈到缺点就避重就轻、极力粉饰。有的下属是为了向领导“投好”只报喜不报忧；有的则是为了面子，为维护自身的形象，对待问题遮遮掩掩，想让大事化小、小事化了，结果没想到却给工作带来了很大的麻烦。

对于下属来说，要喜忧兼报，当然，并不是每次汇报工作都是有喜有忧，而是在报告重大问题的时候，一定要注意全面、准确、客观地反映事物的全貌，千万不能以偏概全，凡事绝对化。简单地说，就是既要报告工作中的成绩，也需要揭示出其中的问题和矛盾。在反映成绩的时候，不要忽视其问题的存在；在反映问题的时候，也不要全盘否定。这样比较系统、全面的反映，既反映了喜，又反映了忧，就会让领导对决策后的情况有个全面的了解，可以有效地把握政策上的“度”。

## 有清晰的想法之后再和领导谈话

在领导面前谈工作，切忌一知半解，而是需要深思熟虑后再谈工作，从而让领导感受你的工作能力。在现实工作中，领导的工作本来就比较繁忙，因此他不会花太多的时间与下属讨论工作，他希望下属在进入自己办公室的那一刻，脑海里已经想好了如何说话，具体需要汇报什么工作，该简则简，不需要说的话，一句话也别多说，因为领导的时间是极其宝贵的。但实际上，许多下属性子比较急躁，也可以说他稀里糊涂，他有可能刚摸清了一件事情的一点情况，就急匆匆地进入办公室报告给领导，他认为自己如此卖力，及时地将信息送达给领导，应该会得到领导的赏识，谁料领导只给出了一句话“等你完全弄清楚之后再告诉我”。其言外之意就是要求你深思熟虑后再谈工作，否则，你就是在浪费领导的时间。

任何人都应该明白，一知半解和深思熟虑是两种层次。“一知半解”也就是知道得不全面，理解得也不透彻，有可能对一件事情知道的只是皮毛；有可能对一个问题，你所理解的不过是表面意思。这样一个理解程度怎么可以在领导面前展示呢？即便你真的在领导面前说了，那领导只会这样给你定义：“工作能力比较差”。“深思熟虑”就是细致审慎、深入细致地考虑。简单地说，就是考虑清楚之后再说，在领导面前谈工作，若是经过深思熟虑后的谈话，那领导肯定会称赞你“精明能干”。在以后，领导若是碰到什么难题或工作，也会特别邀请你一起讨论。这样一来，你与领导之间的关系就越来越亲近了。

小马刚刚大学毕业，进入这家广告创意公司。小马本身就是一个内敛的人，他从来不多言多语，给人一种沉稳的感觉。

这天，他拿着刚做出的广告文案走进经理办公室。经理正在批阅文件，一看是新员工小马，并没有放下手中的文件，而是询问道：“牙膏创意广告写出来了吗？怎么样？我想先听听你的说法，然后再决定要不要看。”小马在这之前已经做足了准备，因此，听到经理这样询问，他就开始侃侃而谈：“这次牙膏创意广告，商家需要突出牙膏清新的特点，这就是一个突破口，这表示这个产品除了具备牙膏本身的特点外，还具备洗漱之后口气特别清新的特点，这样一来，我就大可以在清新口气上面做文章，比如早上刷牙之后，连家里的宠物狗狗都忍不住过来亲亲，还有在公交车、电梯等场所，口气清新可以让更多的人愿意靠近你。针对这个想法，我写出了几个类似的场景广告，希望经理能看看。”

听完了小马有条不紊的叙述，经理赞许地点点头，但他很想难为这个年轻

的小伙子。对此，他问道："你对商家有多少了解呢？因为咱们做广告创意的，不仅需要创意好，而且还需要符合商家的胃口。"小马回答说："其实，在我接到任务的那一天，我就上网查阅了许多关于这个商家的资料，也看过他们之前做过的广告，我发现他们特别强调公益方面，也就是除了推销自己产品外，他们热衷于在广告中加入公益的元素，对此，在这次的广告创意中，我也添加了这样的元素。"

经理笑了，没想到小马考虑得如此周到，不仅赞叹："小马，好好干，我会很认真地看你所写的广告创意，希望以后你会成为广告界的新星。"

在这个案例中，小马在与经理谈工作时，并不是毫无准备、一知半解，而是经过了仔细考虑，做足了准备。因此，在回答经理问题的过程中，他侃侃而谈，有条不紊，而领导从其语言表达中可以看出其卓越的工作能力。

如果说"一知半解"只是皮毛功夫，那"深思熟虑"则是有深层功力了。在职场中，领导的双眼就好像是火眼金睛，他能通过你的语言表达，清楚地分辨你的工作能力如何。如果你说话总是支支吾吾，半天不说一个字，那就会把你归纳为"一知半解"；如果你针对一个问题能侃侃而谈，甚至滔滔不绝，那领导则会将你归纳为"工作能力强"的一列。

## 准确领悟，有效表达领导内心的意思

下属在与领导沟通过程中，需要观察分析时势，估计情况的变化，适时帮领导说出想说的话。也就是说，学会审时度势，看云识雨、见微知著是一个聪明下属的标志，更是良好的职场沟通能力的体现。说出领导想说的话，这是很重要的，这表示你很清楚地知道领导的意图，知道他在想什么，想做什么，这样一来，领导就会把你当作最亲近的员工。在某些场合，领导会不把话说出口，却放在心上，或以肢体语言来表达，或以面部表情来示意。这时下属就应该清楚地领会领导的意思，帮领导说出想说的话。因为有的话是不需要领导出面说的，毕竟他是领导的身份，这时就应该由领导手下的员工出面说了。当然，那些话并不是领导事先告诉你的，而是你通过对领导非语言的揣摩、领会而得出的，但前提是领悟准确，才能有效地表达领导内心的意思。

小吴经常会跟总经理一起出差，拜见客户，或是洽谈生意。跟随经理的时间长了，小吴对经理可谓非常了解，尤其是在与客户商谈的场合，当领导没开口说话时，但眼睛看着自己，那就表示该自己说话了。

有一次，小吴与总经理去外地与客户商量合作的事宜，双方都很有合作的意向，但在产品价格上却始终不能达成统一的意见。客户很想购买那些产品，无奈承认最近购买了新的设备，确实是资金短缺，因此希望小吴这方可以适当优惠。当时，客户是这样说的："我和贵公司合作了几次，交情虽是不深，但却不浅，你说哪次合作不是痛痛快快，这次确实是事出有因，我公司最近才购买了新的设备，资金方面有点紧张，希望贵公司能适当优惠价格，这样的话，以后我们定会成为贵公司的长期合作伙伴。"总经理面有难色，眼睛看了看小吴，小吴知道总经理这样的表情表示价格方面是不能降低的。

小吴面带微笑着说："我们也知道您的难处，但是价格方面确实不能降低，您也知道，在这个城市，我们的客户并不仅您一家，如果我们今天对您降低了价格，那明天就会有别的客户找我们降价，那时我们该怎么办呢？再说了，我们车间工人也是很辛苦的，我们产品这样的质量，以这样的价格出售给您，真的算是特别便宜了。"说完了话的小吴偷眼向领导看去，发现他正赞许地点点头。

这时客户自知难以说服对方，只好再让一步："既然这样，那在价格方面

我就还是按照贵公司的意思，但我希望这次在还款日期上可以延迟一些日子，我们先付首款，其余的我想在三个月之内还清，如何？”总经理还是没说话，只不过脸上露出了温和的神色，小吴明白过来，说道：“这个是没问题的，您都是老客户了，我们自然是相信的，到时候写一份合约就行了。”

在案例中，在与客户谈判这样的场合，说到价格方面，肯定是不需要领导亲自出马的，他只需要将自己的意见“写”在脸上，让下属去领会，然后再由下属说出口。当然，下属是否能准确地表达领导心中所想，将取决于下属对领导的了解程度。诸如案例中的情况一样，小吴多次跟随着经理出差，会见客户，对经理的了解差不多算是很详细了，这才能准确地表达出经理的意见。

当然，帮领导说出想说的话，还需要建立在充分了解领导的基础上，如果你对领导一知半解，那在一些场合擅自作主就说了一些话，你以为这是领导想说的话，却不料那偏偏是领导最不愿意说的话。这样一来，岂不是好心办错事吗？对于下属而言，应该充分地了解领导的性情、工作风格等，否则，你是无法说出领导的心里话的。当对领导有了详细的了解，再加上领导现场所表现出来的非语言行动，就会更准确地领会领导心中想法了。但是，帮领导说出想说的话，并不是在任何场合都可以进行的，而是需要审时度势，注意场合和时机。

## 向领导汇报工作的口才技巧

许多下属并不知道，向领导汇报工作也是需要注意技巧的。巧妙地汇报工作，会让领导觉得你很能干。在汇报内容方面，需要汇报领导所关心的工作。领导的时间是有限的，许多你能力范围之内可以处理的琐碎事情、程序既定的

工作，能够自行处理就自己处理了。所谓“事无巨细”，如果你每件事情都汇报，就会有邀功之嫌。下属应该记住：汇报工作最重要的是提出解决问题的方案，而不是简单地提出问题。换而言之，汇报问题的实质是求得领导对你的方案的批准，而不是问你的领导如何解决这个问题，否则每件事都需要领导拿主意，那下属的存在还有什么意义呢。下属向领导汇报工作需要准备不同的方案，并将这些方案记下来，必要时向领导阐述清楚，并提出自己的看法，然后领导批准你的主张，这就是汇报工作的基本套路。在职场中，如果你总是进行这样的汇报，那估计你距离获得升职加薪的机会不远了。

当然，汇报工作也是需要选择时机的，尽量给领导建立一个自己会定期汇报的预期，这样会使汇报程序化，减少突然的感觉。一个成功的下属必然是一个善于汇报工作的人，因为在汇报工作中，他能得到领导及时地指导和帮助，从而能够与领导建立起牢固的信任关系。在汇报工作中，需要明确目的，也就是这次汇报需要达到什么样的目的，如果你解决了这个问题，那你的汇报工作就成功了一大半了。有的下属之所以汇报失败，关键在于其目的不够明确，所准备的资料很杂乱，让领导听了半天也不知道你在说什么。对此，下属应该考虑：所汇报的内容与当前中心工作的关系是什么？领导平时听取汇报的习惯是什么？怎么样才能让领导听后得到肯定的评价，留下好的印象？

在公司一周例会上，张经理向上级领导汇报工作：

我需要向您汇报几件事情：第一个是公司最近人员变动情况。最近公司人员变动比较频繁，生产车间走了6个人，电工走了2个，机修工走了3个，行车工走了2个，包装工走了2个，仓储走了2个，财务部的会计小黄最近也有离职倾向。这是公司员工离职的情况。

第二个是绩效考核的事情。上个月的绩效考核结果已经出来了，总体来看，上个月的考核结果不理想，大家打分都没有拉开差距，最多也就差5分。各部门经理在对待考核工作的态度上也有问题，只是把人力资源部下发的表格

填满了，却没有真正履行辅导的职责，没有帮助员工进一步认识绩效考核指标的内涵，也没有投入更多的精力帮助员工提高技能。这些问题的存在会影响公司绩效考核工作的推进，时间久了怕又流于形式。跟您汇报一下，希望您能抽时间关注这个问题。

第三个事情是本月的培训工作。前段时间您安排我找几家培训机构给经理层做培训，我已经找了几家，也列了一些培训科目，请您过目。

领导回答说："看来你们部门最近的工作还是挺忙的，我有几个问题想问你，你说的第一件事情是员工离职问题，我想问你，为什么最近一段时间员工离职率会这样高？什么原因？"

……

对于张经理的工作汇报情况，领导是这样评价的："他只知道抓具体工作，没有总的工作方向，我说什么，他就做什么，属于拨一拨动一动的那种。每次汇报工作时，我告诉他要给我结果，但他总是跟我陈述事实，始终不能提出有效解决问题的思路。还有最让我不能忍受的是，每次汇报工作都说了一大堆，没有重点，我也搞不清楚他想表达什么。"如果你再回过头来看看张经理汇报工作的内容，那你会发现领导的评价是恰当的。

在汇报工作时，你需要针对汇报工作的主体和目的展开论述，需要搞清楚领导最重视什么、最想听什么，围绕这个组织语言才能激发出领导的兴趣。除此之外，你还需要了解领导的思维特点和语言风格，让自己汇报工作的语言与思维更贴近领导。

# 把握升职加薪的谈话时机

在职场中，每个人都渴望自己有价值，希望自己所得的薪酬、是合情合理的。但是，我们却常常遭遇这样的情况：听说又有一位同事加薪了，为什么他可以加薪，自己却加不了薪水呢？已经在公司工作很多年了，但薪水却是停滞不前，怎样扭转眼前的局面呢？眼看就到年底了，人事部的考评已经结束了，如果你在排行榜上位列前茅，为什么不试试向领导提出升职加薪要求呢？有可能会失败，但若是从来不去尝试，则注定会失败的。许多人认为“要求加薪”是单向沟通，自己只需要单方面地告诉上司：自己想要加薪。其实，“请求加薪”是一个双向沟通。简单地说，你必须听到上司的声音，依据他的响应与看法来修正你的论点与看法。此外，最关键的是提出升职加薪一定要把握时机，看准了机会，才有可能成功。

乐乐是公司的市场部经理，她曾经三次向领导提出加薪，其中的结果和教训都是不一样的。

乐乐第一次提出升职加薪的时候，她已经在那家公司工作快三年了，对那份工作十分熟悉，而领导一直没给她加薪。乐乐以熟悉业务为谈判条件，向领导提出加薪，领导却不同意。之后，上下级之间的关系变得微妙起来，乐乐很快就辞职了。

从那家公司出来，乐乐跳槽到现在的公司做销售秘书，负责协调处理各业务部门的关系。乐乐依旧努力工作，但这种千篇一律、薪水不高的工作实在令她难以满足。每天看着公司墙上悬挂的业绩明星照片，乐乐认定，自己一定不会比他们差。随后乐乐走进了办公室，向领导开门见山地提出加薪的要求，结果还是失败。

第三次加薪是为了一个下属，那位工人在流水线做了两年，他说，如果加薪不成，就要离职。乐乐向领导汇报，领导刚开始并不同意，说这样的员工再

找一个就是了。但乐乐认真地算了一笔账：这个工人每月的工资是1800元，市场上可以招聘的熟练工人最开始的工资是1200元，可如果在1800元的基础上，给这个工人加100—200元，他就能安心工作了，还免去了招聘新员工的招聘费用和培训费用。这样一说，领导痛快地同意了给员工加薪的请求。

通过这三次的经历，乐乐明白了向领导提出升职加薪的要求时，一定要有理有据，只要你有真才实学，底气足，领导就会按照你的贡献加薪；如果底气不足，甚至毫无能力，别说是加薪，可能连自己的工作都很难保住。

案例中乐乐所得出的经验，简而言之，就是在向领导提出升职加薪前，你要给自己一个正确的“估价”。如果你为公司的付出理应得到更多的回报，那就可以向领导提出升职加薪的要求；如果你为公司所做的一切远不值你现在的薪资，那你需要先从提高自己做起。在这里，我们所说的把握时机，所谓的“时机成熟”，也就是自己心里一定要有底。

不仅如此，说服领导为自己升职加薪的最佳方式是面对面地交谈，用打电话或寄电子邮件以及发信息等方式提出加薪请求，这样的沟通都是间接的，因为看不到对方的表情，有可能会造成不必要的误解。通常情况下，领导考虑是否为一个员工加薪，其主要出发点在于该员工为公司贡献了多少、他到底有多大的价值。在向领导提出加薪时，我们应该找出有力的依据来说服上司，比如，强调自己的工作量增加了，可以用相关的数据来说明，作为让领导参考的依据。

在谈升职加薪时，不仅需要把握时机，而且还需要了解升职加薪的具体时间。大多数人走进办公室向领导说出“加薪”的要求后，就不了了之了，可能是不好意思询问，或者向领导要求答复的时间。那么，你可以说：“我知道公司目前有困难，但是，我自己需要考量生活上的需求，我想知道，您什么时

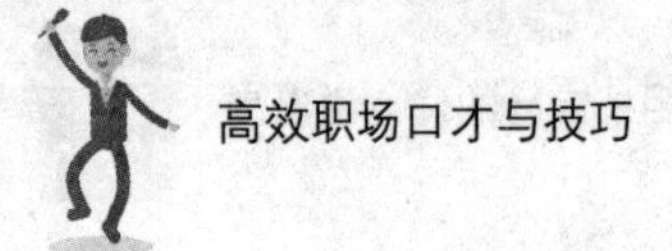



候可以给我答复呢？”在谈加薪之前，我们需要清楚地了解领导的需求，因为如果领导的需求能够与你想加薪的理由结合在一起，这样，请求加薪已经成功了一半。

## 推功揽过，为职场发展铺平道路

很多时候，我们总是听到这样的声音：为什么我这么优秀，却得不到领导的器重呢？俗话说：“千里马需要伯乐。”在工作中，每个人都希望自己的领导能够成为自己的伯乐，成为自己职场发展的贵人。实际上，千里马与伯乐的关系是相对的，千里马需要伯乐，伯乐更需要千里马。而在工作中，领导与下属之间的关系实际上是一种利益双赢的关系。换句话说，你要想领导成为你职场发展的贵人，那么，首先你就要成为领导的贵人，通过你的能力和贡献为领导谋取利益。在这种互惠基础上，领导才会意识到你的重要性而成为你的贵人，并且为你的职场发展铺平道路。所以，作为下属，要学会推功揽过，这样领导听了才会备感欣慰。

小华在一家刚成立的咨询公司做大客户营销，他是个刚刚踏出校门的小伙子，有一种“初生牛犊不怕虎”的劲头。来到公司上班仅仅三个月，就提升为上司的得力助手，成为领导最器重的员工。小华在职场上的成功并不仅仅靠自己的能力，更重要的是他懂得如何与领导相处。

有一次，当他向大老板提交工作报告时，他灵机一动同时署上了直管领导和自己的名字。这样一来，小华经过辛辛苦苦做成的客户，就变成了领导的业绩。当领导拿着这份报告时，不解地问：“为什么要署上我的名字呢？”小华谦虚地说：“我能做出这样好的成绩，当然是在领导的指导下完成的，您就相当于我的指导老师，按理说，您的功劳算最大的，我当然需要署上你的名

字了。”领导听了，欣慰地笑了。后来，自己的直管领导就凭着骄人的工作业绩被提升为客户总监。小华听公司的同事说，在小华进公司前，领导的业绩平平，而当自己进来后，业绩直线上升。因此，当领导被提升为客户总监时，他也没有忘记小华，小华马上从一位普通的员工上升为营销经理。

小华发现只要把自己功劳归功于领导，既能为领导谋取利益，也能使自己在职场中平步青云，这又何乐而不为呢?

其实，当你以领导的名义和你的名义报告给上级领导时，自然是领导更能引起高层的关注和重视。当你有了一些好的建议或者想法，你就可以借助于领导的渠道报告上去，既为领导赢得了荣誉，也证明了自己的价值。而当领导因为你的功劳而发达时，他也会牢记你的功劳，帮助你提升职位，并把你作为他的得力干将，以便助他一臂之力。

此外，作为下属不仅需要将功劳尽量推让给领导，还需要包揽一些过错。比如，在工作中，领导有可能因为估计不准，下达了一些不太恰当的指令，造成下属在实际操作中的错误。按理说，这样的过错责任主要在于领导，但聪明的下属则会主动承担所有的过失，将过错全部揽到自己身上。这样的行为会让领导心生感激，虽然领导嘴里会说：“这件事我也有责任。”但他内心还是希望有贴心的下属来为自己分担忧愁，如果你做到了为领导推功揽过，那距离升职加薪的日子就不远了。

当你完成了一件工作，需要拟写一个工作报告并上交给上级领导。在拟写工作报告的过程中，你可以巧妙地把自己的功劳归功于领导。你不妨把领导和你的名字一起署在上面，当然，这里也要讲究技巧，那就是把领导的名字写在前面，自己的名字紧跟其后。这样既照顾了其面子，给领导的感觉就是自己的功劳，又让领导因为霸功而对你产生一种愧疚感，无形之中就提高了自己在

领导心中的地位。而且你还可以借助领导的交际范围，赢得一些接触公司高层的机会，并且利用和公司高层直接对话的机会多提对公司发展有价值的建议，从而为自己创造发展的机遇。

作为一名领导，他每天所面临的工作纷繁复杂，比如一些比较棘手的项目、繁杂的工作报告。那么，在这关键时刻，你不妨主动提出为领导分担一部分工作，在你工作之余，给他拟写一个可行性的项目报告，及时送进他办公室。对于那些领导很头疼的工作任务，你就主动请缨，并且力争圆满完成工作任务，让领导坐享荣誉。

## 委婉含蓄表达建议，让领导轻松接受

作为下属，需要适时向领导进谏，向领导提出某些建议或看法，但进谏也是需要讲究技巧的。许多下属都遇到这样的情况，当自己向领导进谏时，却不能够得到领导的采纳，甚至还有可能被领导冷落。其实，造成这样的情况并不在于你所提出的建议和想法不具备可行性，也不是领导平庸无能，而是在于你向领导进谏的方式不对，很多时候你直接向领导提出一些意见，会让他难以接受。毕竟领导处于权威的位置，他的威信不允许他轻易受任何人的摆布和差遣。当你直截了当地提出意见，反而会让他感觉到一种不被尊重的感觉。因此，当你需要向领导提出自己想法时，不妨灵活地采用各种技巧，委婉含蓄地表达出来，让领导轻松接受自己的建议。

邹忌身高八尺多，而且身材魁梧，容貌美丽。有一天早晨他穿戴好衣帽，照着镜子，对他的妻子说："我与城北的徐公相比，谁更美呢？"他的妻子说："您美极了，徐公怎么能比得上您呢？"城北的徐公是齐国的美男子。邹忌不相信妻子的话，于是又问他的妾说："我与徐公相比，谁更美？"妾说：

“徐公怎能比得上您呢？”

第二天，一位客人来家里拜访，邹忌问客人：“我和徐公相比，谁更美？”客人说：“徐公不如您美啊。”第三天，徐公来了，邹忌仔细地端详他，觉得自己不如他美；再照镜子看看自己，更觉得远远比不上人家。晚上，他躺在床上想这件事情，说：“我的妻子赞美我的原因，是偏爱我；妾赞美我的原因，是惧怕我；客人赞美我的原因，是对我有所求。”

对此，邹忌上朝拜见齐威王，说：“我确实知道自己不如徐公美。但我的妻子偏爱我，我的妾惧怕我，我的客人对我有所求，他们都认为我比徐公美。如今齐国，土地纵横千里，有一百二十座城池，宫中的姬妾和身边的近臣，没有不偏爱大王的；朝廷中的大臣，没有不惧怕大王的；国内的百姓，没有不对大王有所求的。由此看来，大王您受蒙蔽更厉害了！”

齐威王说：“好。”于是下了一道命令：“所有大臣、官吏、百姓能够当面批评我过错的，可得上等奖赏；能够上书劝谏我的，得中等奖赏；能够在众人聚集的公共场所指着、议论我的过失，并能够传到我耳朵里的，得下等奖赏。”政令刚一下达，许多官员都来进言规劝，宫门庭院就像集市一样；几个月以后，有时偶尔还有人进谏；一年以后，即使想进言，也没有什么可说的了。

在案例中，邹忌向领导进谏，所采用的就是委婉含蓄的方式，先通过讲述自己的经历，以此类推出皇帝所受的蒙蔽更多，最终达到了进谏的目的。在工作中，领导也并不是绝对正确的人，受各方面因素的影响，领导在作决策时可能存在着一种偏差或错误。作为下属，千万不要因为领导出了错误就幸灾乐祸，甚至当场提出其不足之处，这样只会使领导陷入极端尴尬的境地。如果遇到心胸狭窄的领导，他还会恼羞成怒，伺机对你进行报复。

对此，下属可以采取顺势引导的办法。比如，当你发现你的领导在管理上还是运用旧的思想和管理模式，也不重视选拔、培养人才，什么事情都事必躬亲，使公司运转效率下降。那你不妨鼓动领导参加MBA学习，接受国内外的先进管理思想，一起讨论公司现在运转中遇到的问题。到时候，就会使领导改变自己的管理模式，促进工作的有效开展。

每一个领导并不是十全十美的人，他们在一些能力、认知方面也会有一些偏差，所以在他们的工作中也会出现一些失当的决定。作为一个下属，需要你去发现这些问题，进而有效地解决问题。当你向领导提出一些建议或指出一些问题时，需要讲究一些方法和技巧，寻找一个合适的机会。这样才会容易让领导接受，进而对你信任有加。

# 第十一章　谨言慎言，把握职场上与人亲近的尺度

在日常工作中，与领导说话，还需要把握分寸，谨慎开口，尽量做到多听少说，避免在领导面前言多必失；应准备充分，与领导说话不能想到哪里说到哪里；在领导面前说话不能太随意，需要把握亲近尺度。

## 少说少错，把该说的说了就好

相传，墨子的学生曾经问墨子："话是说得多好，还是说得少好?"墨子说："你看田里的青蛙，整天叫个不停，却没有人理会它，而公鸡每天只在天快亮时，才叫一两声，人们却很注意它。可见，话不在说得多而在说得有用。"墨子的话给我们这样的启示：多听少说，避免言多必失。在日常工作中，与领导进行语言交流更需要如此。为了建立良好的交际关系，为了表达或交流思想感情，话不在多，而在于你说得是否有用。多用耳朵听，少用嘴巴说，因为你说得越多，暴露的信息就越多，领导就越容易看清你这个人。即便是需要说话时，有时候，一句话的效果远远比一大串话的效果要好得多。特别是与领导说话，我们在开口之前，需要让自己脑子多几个圈，把那些多余的废话转掉，说话简单明了，让领导一听就懂。

在工作中，一个冷静的倾听者不但受人欢迎，而且会逐渐知道许多事情，而一个喋喋不休的人像一只漏水的船，每个搭客都会纷纷逃离。俗话说"话多不如话少，话少不如话巧。"少说话固然有好处，但人既然处在职场中，

要与人交流，就应该说话。若要说话，就应该掌握说话的技巧。在领导面前，尽量做到多听少说，一旦开口说话，就需要言之有物，否则就应该少说。若是要说，就说自己经验过的感慨之话，说心灵深处衷心之话。而对于那些自己毫无把握的话不要说，言不由衷的话不要说，无中生有的话不要说，伤感情的话不要说，粗言腐语不要说。与领导进行语言交流，要言简意赅，而不是夸夸其谈，滔滔不绝。

据说朱元璋当皇帝以后，想攀附他的昔日伙伴很多，其中一位对他说道："我主万岁！当年微臣随驾扫荡庐州府，打破罐州城，汤元帅在逃，拿住斗将军，红孩子当兵，多亏菜将军！"朱元璋没想到此人还算聪明，把话说得得体、含蓄，并没有让自己丢脸，于是心里很高兴，回想起当年大家饥寒交迫时有福同享、有难同当的情形，心情很激动，立即重重封赏了这位老朋友。

当得知那人得到封赏的消息，另一个当年有恩于朱元璋的伙伴心想，自己有恩于他，朱元璋应该会给自己更多的封赏。于是，他也来到京城求见朱元璋，朱元璋还是同样很高兴地接见了他。正当朱元璋要宣布同样重重封赏他时，他不知是紧张还是高兴的原因，于是站起来指手画脚地在金殿上说道："我主万岁！你还记得吗？那时候咱俩在一起放牛，有一次我们在芦苇荡里，把偷来的豆子放在瓦罐里煮着吃，还没等煮熟，咱们就抢着吃，结果把罐子都打破了，将豆子撒了一地，您只顾从地下捡豆子吃，一不小心红草根把您的喉咙卡了，还是我出的主意，叫您用一把青菜吞下，才把那红草根带进肚子里的……"

他还在继续说着，但这时朱元璋的脸色早已变了颜色，心想这人竟敢当着文武百官的面出自己的丑，又气又恼，为了维护自己的面子，只有喝令道："哪里来的疯子，来人，把他拖出去砍了！"

上面故事里的两个人，同样的条件，一个人凭借着会说话的三寸不烂之舌而升官发财，原因在于他懂得少说话，多倾听；后面那位不会说话的人却因话太多，遭到灭顶之灾。可见，在领导面前说话，言多必败，言多必失，多听少

说显得尤其重要。

对下属来说，既要说话，又要说得妙，说得准，这实在是一门艺术。在领导面前，最好多倾听，少说话，如果到了非说不可时，那就应该注意自己所说的内容、意义、措辞、声音和姿势，说该说的话，不该说的话一句都不要说，以免言多必失。

## 说话前充分准备，言语清晰有条理

与领导说话，并不像与隔壁的三姑六婆说话那样简单、无拘束，更不像拉家常一样，想到哪里说到哪里。与领导说话，需要事前做好充分的准备，话题的重点是什么，先说什么，后说什么，注意哪些细节部分，这些问题是否都考虑清楚了，而不能到了领导面前，想一出说一出。我们都知道，领导平时的工作已经相当忙了，他只有在工作之余抽出时间与下属交流，这时下属就需要把握好时间，提前作好准备，不能泛泛而谈。比如，领导和你交流15分钟，那你在这个时间内想阐述什么问题呢，能否能完整地阐述完呢？这些都是需要考虑的。相反，如果没有提前做好准备，到时东一句西一句，领导根本没听清楚你说的是什么，结果还白白地浪费了他的时间，这样一来，领导很容易对你产生不满情绪。所以，下属在与领导说话时，一定要准备充分，千万不能想到哪里说到哪里。

在现实工作中，我们经常看到一些准备不充分、表述能力比较差的下属，他们往往是想起一件事就冲进领导办公室，张口就说：“领导，我觉得这件事……”结果，说了两三句话后，忘记了下面该怎么说，忽而想到了另外一个问题，又开始说其他的问题，搞得领导迷糊了：这位下属到底想说什么呢？对于这样的说话方式，领导是极其反感的：一方面浪费了自己的时间；另一方面降低了工作效率。

娜娜来公司一年多了，但工资一直不见长，而她觉得自己工作能力也不错，为什么领导总是不跟自己提加薪的事呢？想了想，干脆自己主动向领导提出加薪的问题。俗话说："知己知彼，百战不殆。"娜娜在与领导谈加薪之前，她做足了准备工作。她先搞清楚了行业内的基本薪酬水平，清楚地知道自己"值"多少薪水，而且还了解了本公司的实际薪资情况，她想，在了解了公司工资发放的大致情况，合理评估自己身价的情况下，需要勇敢地维护自己的正当权益。

准备工作都做得差不多了，娜娜还需要考虑什么时候向领导提出加薪的要求合适。前些天，领导忙碌，在为工作事情忙得头昏脑涨时，绝对不可以说加薪的事情，而是需要选择领导心情轻松的时候。

这天领导有事请娜娜去办公室，正在娜娜疑惑的时候，领导竟然破天荒地表扬起娜娜来："你上次所写的论文竟然发表了，而且荣获了一等奖，这是我们公司的集体荣誉，也是个人的荣誉。"娜娜看着喜笑颜开的领导，心想：机会来了。娜娜半开玩笑地说："我很高兴我的工作能力被您认可，但如果这种认可能转换成银行卡上的数字，我会更高兴的……"由于准备充分，娜娜说话一点儿也不紧张，说完了心里话，满脸期待地看着领导。

领导假装咳嗽两声，接着说："我还以为是什么大事呢？就这个啊，行啊，没问题，你来咱们公司一年多了吧，其实我早就想跟你谈谈加薪的事情了，但一直以来没找到合适的机会……"当然，娜娜的这次加薪要求成功了。

在这个案例中，娜娜向领导提出的加薪要求最后获批了，其实最重要的原因应该得益于她事前做好了充足准备，有条不紊地说话，再加上半认真半开玩笑的语气，这些都让领导无法拒绝。娜娜巧妙地抓住领导表扬自己的最佳时

机，向领导提出加薪要求，在整个说话过程中，她只说到了“加薪”这一件事情，而没有说其他的，更不是想到哪里就说到哪里。

通常下属想与领导进行面谈，那肯定所谈论的是一个问题或一件事情，在正式谈话没有开始之前，下属就应该思考谈话的方方面面，做好准备：这个问题或这件事情是什么，如何清楚而简洁地论述出来，自己想要表达的意见是什么，希望领导应该怎么做，或者是预想领导会给出什么样的意见。做好了充分的准备，才能促进上下级谈话的顺利进行。

## 与领导再熟悉，说话也不要太随意

作为下属，在与领导沟通过程中，还需要把握彼此之间的亲近尺度，切忌说话太随意。换句话说，下属说的话应该符合自己的身份。作为下属，不要以为自己的领导很随和，更不要觉得领导的年龄与自己差不多，就可以在他面前说话毫无顾忌，不分职位高低，说话很随意。应该谨记：即便是性格很随和、年龄比自己小的领导，他们内心深处都会有一种强烈的自我意识，因为他们处在领导这样的特殊位置。因此，下属在言语表达中，就需要注意职位高低之分，即便你私底下与领导关系很密切，说话也不要太随意。与领导说话，认清双方的角色是很重要的，如果你的语言表达太随意，不把领导放在眼里，或者让领导感觉不如你，那你今后的日子就很不好过了。

小琪是一家报社的记者，她平时很喜欢看一些小资的文章和书，特别喜欢工作之外有更多的私人时间。上班第一个月，她感觉还不错，基本上不用加班，她觉得这份工作还真不错。

到了第二个月，报社来了很多新闻素材，领导经常让小琪去现场采访。一开始小琪还觉得很新鲜，后来就感到疲惫了。在连续加了三天班后的一天，她正准备下班回家，这时领导进来了，说道："小琪，你先别走，公司有一个非常重要的客户来了，你帮忙招待一下。"平时小琪说话随便惯了，尤其是当自己很累的时候，她也顾不上领导的面子了，只感到疲惫和委屈，所以很没好气地说道："凭什么叫我接待啊？我已经下班了，当时招聘我来的时候，你们也没说过要干这么多事啊！"这时旁边的另外一位同事赶紧说："我去接待吧！小琪可能有事。"

回家的路上，小琪觉得自己对领导说话太随意了，不过，她也在为自己辩解：我已经连续加班三天了，很疲惫了，领导应该知道啊。没想到，两个月后，那位代替小琪去接待客户的同事升为主管，这时小琪才醒悟：都是自己说话随意惹的祸。

在日常工作中，许多下属喜欢幽默、风趣地说话，时不时还跟同事开玩笑。几乎没有人会讨厌这样的说话，因为风趣会让人更容易亲近，我们经常说，幽默是人际关系的润滑剂。虽然风趣说话是一件好事，但若用在与领导说话却是不太好的，其中最关键的就是与领导说话不能太随意，即便是开玩笑也需要符合双方身份。通常下属与领导开玩笑，目的就是赞美他、抬高他、尊重他，玩笑的内容应该是善意的、积极的，让领导觉得中听的。反之，如果太过随意，不懂得把握分寸，就很容易招致领导的反感。

小倩是单位后勤部的行政人员，她性格活泼开朗，经常喜欢开玩笑。上班后不久，她发现后勤部的张主任长相很斯文，对下属也经常是笑嘻嘻的，小倩就很想开开张主任的玩笑。

这天，张主任穿着一身新衣服来上班，黑色西装、黑色衬衫、黑色裤子、黑色领带，正好在走廊上碰到了小倩。小倩马上大声地说："哟，张主任，您今天这是去哪里啊，穿得这么崭新。"张主任听了，咧嘴一笑，可小倩马上说

道：“瞧你穿着一身黑色的，莫不是参加谁的葬礼吧。”话刚说完，张主任脸色就变了，小倩也意识到自己说错了话，但自己也是经常跟朋友们开这样的玩笑，应该不会怎么样吧。

由于对张主任开这样的玩笑，在后面的工作中，张主任根本不愿意接触小倩，以至于小倩无法与领导进行正常的沟通，工作开展得也很不顺利。

在上面这个案例中，小倩所开的玩笑太过火了，虽然她意识到自己说错了话，但觉得这些玩笑都是平时与朋友说的，应该没什么问题。但她却忽略了，领导就是领导，并不是朋友，与朋友说话可以很随便，但对领导说话却不能这样随意，而是需要谨慎开口，把握好彼此之间的亲近尺度。

在日常工作中，下属与领导的关系既不能特别亲近，也不能过分疏远，这就决定了说话的技巧。你可以像朋友一样关心领导，但却不可以像朋友一样与领导开玩笑。对领导说话，不能太随意，要时刻记住彼此之间是有距离的，如果你擅自跨越这样的界线，那领导就会对你心生反感。

## 可以说话直率，但不要让他人难堪

与领导说话，需要把握真诚，即使说话坦率也要掌握分寸。在日常工作中，有不少的下属惧怕领导，看到领导恨不得绕道走，特别是当自己工作中犯了一些小错误时，就更是害怕与领导交流。其实，这就是不够真诚、坦率。不愿意与领导交流，总将问题放在心里，这样会让自己承受巨大的压力，寝食难安。实际上，与领导说话，远不如想象中那么困难。下属只要主动找到领导，真诚地和领导把事情说清楚，领导反而会对你产生好感，他会觉得你是一个值得培养的下属。当然，在与领导说话过程中，说话直率一点是可以的，也要掌握分寸，有些话不能太直接地说给领导听。

在工作中，有的领导为了维护自己的威严和威信，可能会生气，在下属面前要要威风，这就是人之常情。作为下属，应该对领导这样的行为表示理解，而不是看见领导就害怕，不敢与领导进行交流。下属与领导顺畅沟通的真正秘诀，那就是自信而不张扬，真诚而不过分直率。只有你与领导进行坦诚相待，才能领会领导真正的想法，以此才能促进上下级之间的顺畅交流。此外，我们之所以主张与领导说话不能过分直率，也就是不能在领导面前什么话都说，比如有时候领导让你给他提点意见或指出不足，其实这可能是客气话，但如果你真的很坦率地指出领导的某些缺点，那就会让领导面子很难堪。因此，直率也是需要掌握一定的分寸的。

肖翔是服装公司的业务经理，以前他每次向主管汇报工作方案并征求其意见时，主管领导总是让他自己拿出解决方案。在这段时间里，肖翔很苦恼，他真的不知道自己的领导到底在想什么，他感到了无助和恐惧，觉得自己没办法与领导沟通了。

无奈之下，肖翔决定与主管领导进行一次开诚布公的谈话。这天，他观察到主管领导心情比较好，于是，他敲开了领导的门，说道："我最近有一些思路要向主管汇报。"主管领导点点头，并招呼他坐下。肖翔深深地吸了一口气，对领导说："我很喜欢这个工作，很热爱公司，而且很希望在领导的带领和支持下提高自己的能力，为领导多分担一些责任和义务。"主管领导面带微笑地看着他，肖翔继续说道："不过，最近发生了几件事情，让我感到很困惑，有时候不知道您的真实想法，我真心地希望您能帮助我，给我更为明确的指示和指导。"这时主管领导已经明白了肖翔的意思，他回答说："你每次让我给你提建议时总是具体地问这个计划行不行、那个问题怎么解决，由于我不在第一线，所以没办法给你具体的指导，因此只好叫你自己去找办法了。"

由于这次真诚的交流，将上下级之间的心结化解开了。

在案例中，由于肖翔的真诚说话以及主管领导的回应，让他明白了自己与领导沟通不畅的症结所在。当然，在这个过程中，是他真诚而直率的表达让领导了解了自己，打动了领导。

若是要问什么样的说话方式才能打动领导？那答案就是：真诚。作为下属，如果发现了与领导沟通存在着一些问题，就需要真诚地向领导说出来。当然，在这个过程中，如果你觉得领导在某些方面有不足的地方，这时不需要太直率，而是将更多的责任归结给自己，这是对领导面子很好的维护。自然，大部分领导都会看透其中的玄机，既然你那么坦率，领导也会真诚地与你展开交流，从而促进上下级之间的畅快交流。

## 不在工作中和领导谈私事

领导，顾名思义，也就是工作上的领导，是因工作关系而形成的一种身份象征。对任何一个下属来说，在工作中应该公私分明，公事找领导说，私事找亲人朋友说，这才是正常的人际交往。在现实工作中，许多下属很容易混淆这种关系，有的下属很坦诚，将自己的一些私事一股脑儿地透露给领导，事后还觉得自己是在向领导“交心”，孰料这样的举动使得领导对你唯恐避之不及。

老王所在公司的领导班子前不久重新调整了，由于老王是公司的老同事，又是业务上的尖子，公司领导的更替对他来说影响并不大。新领导到任之后，也经常找老王了解一些情况，老王经常抱着坦诚的态度与领导交换意见，将自己的看法、想法毫无保留地汇报给领导。

当然，在与领导接触的过程中，老王也注意到说话的分寸，他只是简单地介绍了一些业务上的情况，没有涉及领导的事情。即使有几次，新领导问他对前任领导的看法，老王也没有细说，他知道说这些话是犯忌的。但既然有些公司的事情不能说，老王心想：那就说说我的私事吧，说不定能与领导拉近关系呢。于是，他跟领导说了自己这几年的情况，包括遇到的一些问题和苦恼，因为公司总有几个人对他心怀叵测，前任领导还在的时候就一直在背后使坏。老王觉得既然新领导已经来了，应该让他知道一下，否则，要是那几个同事先入为主，自己岂不是又要遭陷害？

不久，新领导进入了工作状态，开始点起了三把火中的头一把——走马换将。在许多人看来，包括老王自己都觉得肯定能在副处长的位置更上一层楼，顺利地荣升处长。但最终的结果却是让老王很失望，他不但没被提拔，反而随着一纸任命，老王被调到了档案处当副处长。明眼人一看就知道，虽然同是副处长，但从主要业务处室的副处长平调到档案处当副处长，那就相当于被降级使用了。

面对这样的结果，老王百思不得其解，猛然想起自己曾将个人私事透露给了领导，难道是因为这个？

确实，老王的猜测是正确的，正是老王自以为是地将个人私事透露给领导，因此才造成领导对自己的不信任。即便老王的本意是想拉近与领导之间的关系，但给领导的感觉却是：这个人不太可靠。结果，好心办坏事，还害了自己。什么时候和领导说自己的私事，和哪位领导说自己的私事，和领导说自己哪方面的私事，要选准领导，找到时机。

朋友是可以彼此交心的，朋友之间是无话不说的，假设你与领导是朋友，你想对领导说自己的私事，也要考虑和领导的亲近程度，以及时间、地点

等客观条件。领导者是睿智的，他谨慎地保持着与下属之间不亲不疏的关系，一旦人为地打破了这种关系，无论你所遇到的是哪种类型的领导，你的职场前途都将岌岌可危。

## 不要随意议论同事的事情

在日常工作中，作为下属，还需要注意的分寸是：不要随意与领导谈论同事的事情。即便是要说，也一定要说同事的好事，比如赞扬同事的工作能力，这样会让领导觉得你是一个人际关系处理得不错的人。反之，如果你在领导面前搬弄同事的是非，或无中生有地谈论同事的缺点和不足，那你给领导留下的印象就是“小人”，在以后的工作中，领导也不会愿意与你过多接触，更不愿意听你说那些乱七八糟的事情。在工作中，我们与同事、领导的亲疏距离是一样的，同事是竞争关系，领导是上下级关系，我们与同事都是直接受领导管理。试想，在这样一种错综复杂的敏感关系中，你若是随意与领导谈论同事的某些事情，那只会给自己的职场前途搬来了一块绊脚石。

对于领导来说，处于这样的身份，他看什么问题，做什么事情，都是高瞻远瞩的，极有长远目光。他们能够看清楚每个人，眼光比一般的人更长远，更深邃。如果他真的需要了解同事的一些情况，聪明的领导都会自己观察，别人的说法只能作为参考。如果你不讲原则地在领导面前说同事的事情，就是再向领导提供有用的信息，那你也大错特错了。通常来说，领导者并不欣赏那种在工作时间嚼舌头的下属，如果领导想知道某位同事的情况，并想通过你侧面了解，他自然会主动向你询问，但他们一般不赞成你主动找他说起同事的一些事情。作为下属，应该做好下属应该做的事情，说下属应该说的话，领导询问，你就实话实说；若领导没问，那下属也就没有必要主动开口说。

这天中午，小张去办公室向经理递交文件。就在经理正在看文件时，小张随口说了一句："最近也不知道小李怎么了，工作也没精神，今天早上竟然破天荒地迟到了。"经理头也不抬，应付道："估计是他自己出什么事情了吧，调整调整情绪，应该很快就会恢复正常的。"

小张听了经理的话，并没有停止说话，而是越说越起劲："好像听说是跟女朋友闹分手，其实我们一起工作一两年了，我也多多少少了解他跟他女朋友的情况，两人大学就开始好上了，但大学毕业后，现实问题就摆在了面前，房子、车子、钱，这些都是问题。小李跟我一起进的公司，那会跟他女朋友感情还很好呢，结果不到半年，就听说有个富二代在追他女朋友。刚开始，他女朋友坚决拒绝，可后来，兴许是被这个世界迷惑了，竟然决定要和小李分手，这不，小李这两天正痛苦着呢。"

经理已经看完了文件，签了字，但他没有注意到小张所说的话，经理似笑非笑地看着小张："看来，你在办公室人缘不错嘛，同事的事情你都弄得一清二楚。"听到经理第一句话时小张还笑呵呵的，但听到第二句话，他脸红了，这才意识到自己不该在领导面前说小李的这些事情。

通常情况下，那些随意说同事私事的下属在领导面前，无非只有两个标签：说三道四、不可靠。如果你连自己的工作都没做好，就去说这些事情，那领导更有理由责怪你"不好好工作，乱嚼舌头根子"。到时候，你只会让领导心生厌恶。

所有关于同事的一切，不管是好事还是坏事，都不需要在领导面前随意说起，即便是领导问起来，作为下属，也不要多说，只是实话实说就行了。因为你所说的都是同事的事情，毕竟你不是同事本人，许多事情你也不清楚其中的内幕，在没有任何根据的情况下，你在领导面前去说这些话，对自己很不

利。一方面领导会觉得你不可靠；另一方面同事若是知道了，也会对你失去信任。这样一来，你自己就会陷入两难的境地。

## 保持沉默，不对领导的话妄加评论

下属在与领导沟通过程中，需要掌握一定的分寸，该说话时一定要说话，不该说话时绝不开口。特别是领导在场的情况下，对某些问题或一件事情，不要妄加评论，假如你的意见与领导相悖，那就相当于当面给领导难堪。做一个聪明的下属，要适时闭上自己的嘴巴。首先，在领导尚未开口的情况下，如果你擅自评论，那领导会觉得你没把他放在眼里。其次，在领导已经开口的情况下，如果你有相反的意见，那岂不是当面与领导唱反调吗？最后，在没有得到领导允许的情况下，下属妄加评论都是不恰当的。多方面看来，最后的结果都是难堪。

有一次，小李跟着领导去拜见法国老客户，当客户拿出自己的产品时，没见过大场面的小李眼睛都直了，领导还没开口，小李就直称赞："这产品真漂亮，这是我见过最漂亮的东西，这个东西一定很贵吧。"客户用生硬的中文回答说："不贵，只需要人民币五百块。"旁边的领导脸色有点凝重，似乎觉得价格贵了，但小李没注意到领导的脸色，继续说："我觉得价格还可以接受，您要不说，我还以为需要一千块人民币呢，这么便宜啊，张经理，你觉得呢？"兴奋的小李没意识到自己是下属的身份，反而以领导的口吻来询问张经理的看法。这时，领导的脸色已经变了。

后来，张经理有许多公干的机会，但他都带其他的下属一同前去，因为在他看来，小李是一个说话不注意分寸的人，这样的下属在自己身边，会给自己带来不少麻烦，让自己丢面子。

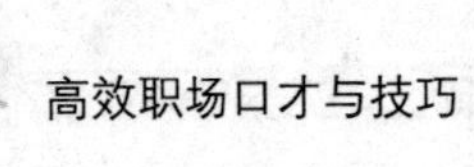


在工作中，有时候领导会面对着你说一些其他下属的问题，这时同作为下属，也不要妄加评论，至少在领导需要你开口之前，你需要保持沉默。如果由于你与那位同事曾经有矛盾或冲突，从而妄自评论，就会在领导脑海中留下这样的印象：这个人背景很复杂，因为你的对立面很多；这个人不太会处理关系，不是很合群；这个人品质不太好，因为你企图利用领导来肃清你的对立面。所以，该沉默就沉默，不要多说一句话。

在与领导沟通过程中，需要多听少说，尽量保持沉默，反而会让领导觉得你是一个善于言辞的下属。反之，你说话太多，该说不该说都在说，甚至当着领导的面，妄自发表意见，那则是驳了领导的面子，他就会认为你沟通能力有问题。当然，有些下属并不知道自己什么时候该说，什么时候该沉默。如果你实在不知道，那就遵循一个原则：领导要求才开口，此外，多余的话一句也不要说。

## 注意言辞别碰触领导的威信和软肋

我们都知道，人体有许多要害的部位，这些部位一旦受到了重击就有可能失去性命，被人们形容为软肋。在人际交往中，软肋就是别人的短处，或者是别人最不愿意提到的话题。在生活中，每个人的心里都有那么一些不想被人伤及的软肋，对于领导来说也是这样。他在工作或生活中，总会出现一些缺憾。与大多数人一样，领导最不愿意和别人提到的就是自己的缺点和短处，而且，他们这样的心理会更强烈。因此，每个下属都应该记住：领导的软肋就是谈话的禁区。

有一天，小枫在办公室里与同事聊天，他们聊到了“当领导好还是当下属

好”这个话题。小枫说道：“如果一定要我选择，我还是选择当下属，当领导太累了。比如我们的领导吧，在他上面还有领导，你们别看他在我们面前表现得很有能力的样子，到了他的上级领导面前，还不是点头哈腰，装得跟孙子一样。在我看来，领导每天都需要装出两副面孔，看着就别扭呢。”同事笑着说：“不过，当领导还是好啊，起码人家的薪酬福利比咱们好，人家还有权，能指挥咱们，让我们干什么就干什么，他让你向东，你不敢朝西，这些咱们可都没有啊。”

这时，小枫满脸不屑：“那只是暂时的情况而已，我说啊，要是哪天公司垮了，首先遭殃的就是他！如果你要问什么，那就是他比我们拿工资多，但很多东西却一点也不懂，你说公司要垮了，上面是要他这样的庸才领导，还是要我们这样的技术工？”小枫以为自己的话会引来大笑，但却没有，他没看到领导已经站在了他身后，继续说：“我说的可都是真的，尤其是咱们这样毫无工作能力的领导，公司出了事情，第一个倒霉的就是他。”这时他回过头来，才发现领导站在自己的后面，他顿时感到很尴尬。

领导脸色没怎么变化，只是说：“我是来向大家宣布一个消息的：刚才总经理开会时说我们要在两个月之内裁员两名，我一直在想，我们大家都挺努力的，到底让谁走好呢？”领导的眼光一下子看准了小枫，这时小枫什么话也说不出来了。

下属应该记住：无论在哪里，攻击领导的软肋，谈论领导的缺点，那都是致命的错误，可能直接断送自己的职场前途。在办公室里，人多眼杂，如果你不在这里好好工作，而是胡说八道，谈论领导的软肋，那无疑是自毁前程。或许你会觉得私底下与同事说很安全，错了，跟同事说，你的那些话一样会有机会传到领导耳朵里。

在日常工作中，通过平时与领导的接触，下属都了解领导身上存在着哪些缺点，或是哪些不足。但我们不能因此就忽视其领导的身份，经常在办公室大说领导的缺点，或取笑，或讥讽，这样的行为都是禁忌的。无论用什么样的方式，也不论你是有心的还是无意的，一旦触及了领导的软肋，说话遭遇了禁区，那最后倒霉的只有你自己。

# 第十二章　言语有道，用点策略保全他人面子

与领导说话，下属要有所顾虑，对于某些话，不能直来直去，要委婉含蓄，否则就会当场驳了领导的面子。在拒绝领导，或是提出领导的不足，或是说出自己的建议时，都要委婉道出心中所想，这样才能很好地保住领导的面子。

## 拒绝的理由要合理妥当

下属经常会遇到这样的情况：领导叫你干一件事，你马上答应了下来，即便这件事本不该你做，或超过了你的负荷，可能是慑于领导的压力，也许是出于其他的某种考虑，你往往不会去拒绝。其实在工作中，我们可以拒绝领导。当然，对于不同的人，所选择的拒绝方式也会不一样，但是，不管你所选择的是哪种回绝方式，都要掌握好分寸和技巧，否则，稍有不慎你就有可能犯了职场大忌。而且，每个拒绝行为的背后都应该有一个理由，作为下属，在拒绝领导时需要找个最妥帖最委婉的理由。一般而言，你的回绝方式既是对领导的一种答复，也是对自己的一种表现。这就需要你掌握一些回绝的技巧和回绝的忌讳，这样才能使自己在回绝之中处于主导位置。这就需要你所选择的回绝理由必须是客观的，所说的言辞是委婉的，同时还需要有一定实力。除此之外，你还应该避开一些雷区，比如动不动就以辞职威胁，这样都是极为不妥的。

“不论什么事情只要交给小安，我就放心了。”小安进入公司两年，这是领导经常挂在嘴边的一句话。刚开始小安很高兴，但时间一天天过去了，领导

交给自己的工作任务越来越多，小安经常听到这样的吩咐“小安，这个方案你负责一下”“小安，这个客户你去接待一下”“小安，这个项目人手不够，你也参与一下”。

小安手里的事情多得做不完，他心想，也许自己再忍忍就会有升职加薪的机会。但是，每次到了升职加薪时，机会总是从小安眼前溜走。后来，小安从人事部的老同事那里得知，关于自己的升职一事，中层主管会已经讨论过很多次了，每次都被领导否决了，说小安虽然业务能力不错，但管理能力不足，需要再锻炼锻炼。这时老同事启发说：“你想想，如果你升职了，他上哪儿去找这么任劳任怨的下属呢？”

小安觉得，自己一定要想办法拒绝领导了，可是，该如何拒绝呢？这天，领导又吩咐：“小安，下班后先别急着走，有一个案子还需要你负责一下。”小安略加思索地说：“不好意思，领导，今天我妈妈从老家过来了，就是五点半的火车，我得去接一下，您也知道，老年人嘛，手脚不太方便，我可不放心她跟那些身强力壮的人在火车站拥挤，而且我妈妈她也不认识路，我必须接她。”领导似乎很理解，挥挥手，说道：“行，那你早点回去吧，案子的事情我让别的同事负责。”

在案例中，小安找一个老掉牙的理由——接人，虽然暂时不会被领导看出来，但下一次再接到领导“加班”的要求怎么办呢？如果领导意识到自己被下属欺骗了，那结果会更糟糕。对此，作为下属，一定要在拒绝领导时，找一个最恰当的理由。

你拒绝领导时所说的理由必须是客观的，只有说出自己拒绝的客观理由，领导才有可能接受。如领导提出的不合理要求，或要求你去做一些违背良心的事情，你可以委婉地拒绝也可以回绝。但是，如果仅仅是正常加班之类的

问题，那么你就要学会忍让，毕竟加班也是无可厚非的事情。另外，你回绝领导的要求，不能基于主观原因，不掺杂个人情感，而是为了把自己的份内工作做好，这样的理由才更容易被领导接受。

## 拿捏分寸，给领导留面子

领导在场的某些场合，说话更需要拿捏好分寸。作为下属，应该随时通过话语展现出自己对领导的尊重，尽量维护领导的威信和权威。我们之所以特别强调公众场合，那是因为越是人多的地方，越是需要保持领导的尊严。如果当众说话失去了应有的分寸，比如极力与领导争辩，甚至拍案而起，或者随意跟领导者开玩笑，这将会让你的职场之路陷入死胡同，可能你的职场之路就此走到了尽头。我们应该明白，当众给领导难堪，这比你私底下跟领导大吵一架更严重。下属应该时刻牢记自己所处的位置。如果真的需要提出不同的意见，我们也应该选择恰当的时机，以幽默的方式提出来，懂得维护领导的自尊心，保住其面子，诙谐而富于策略地提出反对意见，这样领导才会乐于接受。

杨修是个文学家，才思敏捷，灵巧机智，后来成为曹操的谋士，官居主簿，替曹操典领文书，办理事务。有一次，曹操造了一所后花园。落成时，曹操去观看，在园中转了一圈，临走时什么话也没有说，只在园门上写了一个“活”字。工匠们不了解其意，就去请教杨修。杨修对工匠们说，门内添活字，乃阔字也，丞相嫌你们把园门造得太宽大了。工匠们恍然大悟，于是重新建造园门。完工后再请曹操验收。曹操大喜，问道：“谁领会了我的意思?”左右回答：“多亏杨主簿赐教!”曹操虽表面上称好，心底却很忌讳。

后来，曹操出兵汉中进攻刘备，被困在了斜谷界口，想要进兵，又被马超拒守，想收兵回朝，又害怕被蜀兵耻笑，心中犹豫不决，正碰上厨师进鸡汤。

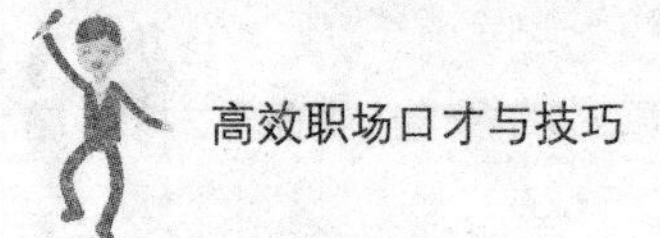



曹操见碗中有鸡肋，因而有感于怀。正沉吟间，夏侯惇入帐，禀请夜间口号。曹操随口答道：“鸡肋！鸡肋！”惇传令众官，都称“鸡肋”。行军主簿杨修见传“鸡肋”二字，便教随行军士收拾行装，准备归程。

有人报知夏侯惇。夏侯惇大惊，遂请杨修至帐中问道：“公何故收拾行装？”杨修当众说：“从今夜的号令来看，便可以知道魏王不久便要退兵回国，鸡肋，吃起来没有肉，丢了又可惜。现在，进兵不能胜利，退兵恐人耻笑，在这里没有益处，不如早日回去，明日魏王必然班师还朝。所以先行收拾行装，免得临到走时慌乱。”夏侯惇说：“您真是明白魏王的心事啊！”他也开始收拾行装，于是军寨中的诸位将领没有不准备回去的事情的。曹操得知这个情况后，传唤杨修问他，杨修用鸡肋的意义回答。曹操大怒：“你怎么敢造谣生事，动乱军心！”便喝令刀斧手将杨修推出去斩了，将他的头颅挂于辕门之外。

杨修为人恃才傲物，数犯领导曹操之忌，他本是一个绝顶聪明的人，才华横溢，但其才盖主，又屡次在同僚面前驳了曹操的面子。当曹操无意间说了“鸡肋”，本来曹操就在苦闷，不知道该如何解脱，而杨修却故作聪明，道出了其中的原委，这当然引起了曹操的嫉妒，这就是杨修致死的原因之一。

刘备进入蜀地之后，曾经与益州的刘璋在富乐山相会，当时正好碰到了刘璋的部下张裕。刘备见张裕满面胡须，就开玩笑说：“我老家涿县，姓毛的人特别多，县城周围都住满了毛姓人家，县令感到奇怪，就说‘诸毛为何皆绕涿而居呢？’”在这里，刘备巧将“涿”借此为“啄”，意在取笑张裕那张被一脸黑毛遮住的嘴巴。

不料张裕回敬道：“从前有个人先是任上党郡潞县县长，后来又迁至涿县做县令。有人正好在他上任前回老家探亲时给他写信，于是便在称呼上犯了难，一时不知称他为‘潞长’，还是‘涿令’，最后只好称他为‘潞涿君’。”在这里，张裕也巧妙借此取笑刘备脸上无毛，立即引得满座哄堂大

笑。当时，他们两人不过是开开玩笑，张裕并不在意这件事，但刘备却因自己处于下风而一直耿耿于怀。

后来张裕投到刘备麾下，刘备竟找了个借口要杀张裕。诸葛亮请刘备宣布张裕罪状，刘备说不出什么理由来，竟称："芳兰当门而生，不得不锄去也。"

在那么多人的场合，张裕对刘备的玩笑进行回敬，当即给了对方一个小小的难堪，驳了刘备的面子。原以为这不过是和谐气氛时开的玩笑，孰料刘备心眼比较小，一直因自己占了下风而耿耿于怀，于是张裕就这样因为一句玩笑话而掉了脑袋。

在任何场合，下属说话都需要拿捏好分寸，尤其是人多的场合，说话太自满，你所招来的嫉妒对象不仅仅是同事，还有可能是领导。如果你说话处处表现得高人一等，那几乎是驳了所有人的面子。这样一来，领导的面子又在哪里呢？当你骄傲的姿态盖过了领导时，那就是你职场之路陷入泥泞的时刻。

## 用迂回的方式使他人同意自己的想法

在工作中，当你想要在领导面前提出一些建议时，不妨先认可领导的说法，再以请教的形式说出自己的建议，这样领导才容易接受。其实，在很多时候，领导之所以不接受你的建议，不是因为他不讲道理、不近人情。对于很多领导来说，尽管他在心里已经承认了你的建议，但是他嘴上也不会说出来，因为他比较注重自己的面子。因此，我们在向领导进言，应该灵活运用各种方法，或是顺势引导，或是以退为进，或是站在领导的角度，并且你在进言时需要避开领导的忌讳。在实际操作时，先不妨指出领导意见的中肯性，然后说出自己的见解，让领导在不知不觉中接受自己的建议。

在现实工作中，当你辛辛苦苦地拟好了一套工作计划，却得不到领导的赞同。那么，这时候你不要固执己见，你可以采用以退为进的方法来使领导接受你的方案。当领导开始谈他自己的想法时，你不妨认真倾听，并且表示赞同，然后在具体讨论时，你可以在他提出的方案中渗透自己的观点，这样领导就会逐渐被你的观点所影响，然后你再进一步作详细的解释，巧妙地游说，让领导同意你的方案。

在办公室，小王正在仔细听总经理的一些建议：“我觉得最近大家的工作状态不是很好，是不是我们太急功近利了？或者说过于追求产品的数量，而忽视了其质量，最近我看到不少客户投诉说，质量确实不怎么样，我觉得在下个月的工作中，应该平衡一下质量和数量的关系，尽量放慢脚步，提高质量，否则，数量再多，产品也卖不出去啊……”

坐在一旁倾听的小王微笑着点头，不时沉思，不时微笑，等到总经理说完了，小王回应说：“我觉得总经理的想法很好，有的地方我也没想到呢，针对产品的质量和数量方面，我作了一个详细的工作计划，想请您看看，对我的这个计划提出一些建议。”说着，小王一边将手中的计划书递给了总经理，一边说：“我觉得咱们可以一方面保证数量，另一方面提高质量，齐头并进，这样的话，对产品的生产和销售都没有任何影响，反而会促进销售……”总经理一边听小王的讲述，一边翻看手中的文件，频频点头，接纳了小王的建议。

我们要善于采纳案例中小王提建议的招数，当我们心中有什么好的想法需要提出来时，不妨以请教的形式开口，“我这里写了一份关于本月工作的计划书，希望您能帮忙看一看，提出一些建议”“我的这些想法可能不太成熟，还需要您指点一二”，以这样委婉的方式，领导也不好意思拒绝你，并在看了你的建议书或听了你的想法之后，会适当地采纳你的想法，那我们就达到了进言

的目的了。

在提出建议时，先认可领导的意见，站在领导的角度想问题，其实就是给予领导最大的面子。下属应该了解领导采用什么样的思考方法，进而再对自己的思路进行调整，以求在表面形式上与领导的想法接近。当你作出了这些改变后，领导也就更容易了解并采纳你的想法和意见了。

## 以和为贵，婉转表达拒绝之意

巧妙拒绝是一种艺术，不会让领导心里产生不快的情绪，这才是高明的拒绝。当然，拒绝并不是以伤害他人为目的，而是以和为贵，尽可能在不影响上下级关系的前提下进行。虽然拒绝是很难堪的，但在不得已时还是会用到拒绝。事实上，只要你能够很好地运用拒绝的艺术，它最终带来的并不一定是尴尬。在工作中，对于领导提出的不合理要求，许多人都不懂得该如何去拒绝，往往会碍于情面而违心地说“是”。其实，这样对双方都不好，事情办不好可能会给对方造成一定的损失，而自己也会给领导留下不好的印象。当然，没有人喜欢被拒绝，所以，在工作中拒绝不要急切、直接地表达出自己的立场与观点。我们应该掌握必要的沟通技巧，既不伤领导面子，又能婉转地拒绝，尽量降低拒绝产生的负面效应。

快要下班的时候，经理叫住正要出门的小东，吩咐道：“小东，先别走，客户刚打了电话，说晚一点过来看样品，这个客户很重要，你留在办公室接待一下。”小东有些不耐烦：“怎么又是我啊，每次遇到这种事情都找我，经理啊，下班了我也想多有一点自己的私人时间，你看我都三十岁了，连个女朋友

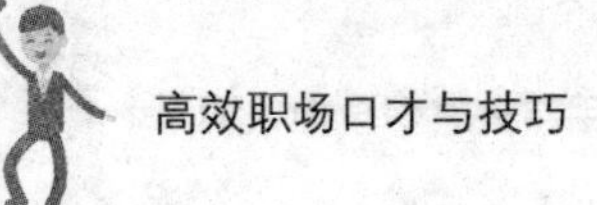



都留不住，她跟我分手的理由就是我太忙了，我就请你高抬贵手，放过我这一次吧。”经理脸色有些阴沉，但还是轻言说道：“可是对样品的介绍，还是你比较熟悉，不要把自己女朋友走了的事情跟工作扯上关系。”

见经理还是要求自己去做，小东索性也冷着一张脸，说：“总经理，反正我今天有事情，我真的去不了，你要怎么惩罚我都可以，我走了。”说完，头也不回地走了，只剩下经理在那里张口结舌地站着。

案例中，小东的拒绝算是比较直白的，可能他是真的有事情，但也不应该以这样的口气与领导说话。这样的拒绝方式非但不会让领导体谅你，反而会责怪你不服从命令。对每一位领导来说，需要管理的是整个团队，并不只是某一个人，保持自己的权威性对他来说十分重要。这就需要你在拒绝时要特别注意自己的言辞，选择一个合适的场合，用友好的语调与其交谈，这让领导感觉到你对他的尊重，感觉到你是在为他维护权威和形象，他就会觉得你是一个善解人意的员工，就会对你产生好感。千万不要用一些直白的语气跟领导说话，这样只会造成争吵，而争吵的结果通常都是自己被迫降职、走人或者从此就没有好日子过。

张经理总是喜欢给小李布置很多的工作，这天张经理又在增加工作量时，小李鼓足了勇气说：“我手里有三个大的项目，十个小的项目，我担心时间安排不过来。”张经理一听，脸色马上变了，说道：“可是，这个项目只有你去做我才放心。”小李只好无奈地表示：“那好吧，我赶一赶。”说完这句话，小李就后悔了。

看到张经理的脸，一个大胆的念头在小李脑海中诞生了：“不过，要按时保质完成任务，我需要几个帮手。”小李轻描淡写地说，张经理有些惊讶，但马上笑着说：“我考虑一下。”原来，小李是这样想的，如果张经理答应给自己派个助手，那就相当于变相给自己晋升，自己的工作也就分担出去了；如果不答应，那他也不好继续给自己增加工作量了。

果然，张经理不仅没有再增加新的工作量，而且还经常跑过来关心小李的

工作情况。

在这个案例中，小李的拒绝方式是成功的，向领导表现自己的难处，得到了领导的理解，当然，在拒绝过程中，也很好地照顾到了领导的面子。张经理在遭受小李的拒绝后，并未对小李产生反感，反而经常询问其工作情况。

在拒绝领导时，我们应做到“以和为贵”，当领导对你提出要求时，不要立即就拒绝。立刻拒绝，会让领导觉得你是一个冷漠无情的人，甚至觉得你对他有某种成见；如果你正在气头上，领导提出了一些要求，你不能气愤地拒绝“我不做”；对于领导所提出的要求，不要轻易地拒绝，有时候领导之所以对你有那么多的要求，那是对你的一种重视；不要傲慢地拒绝，在拒绝领导的时候，切忌盛气凌人，即便你不愿意去做，也需要保持谦虚谨慎的态度。

## 高明的拒酒词，拒绝的同时获得同情

酒桌是一个交际场所，这个场所十分考验人。作为下属，如果你不能喝酒，那么，最好学会拒酒。既然自己的酒量不能让同桌的人痛快，那就凭着三寸不烂之舌让领导们开心。这样一来，你既不会伤了自己的身体，又不会让劝酒者扫兴。在酒桌上，敬酒劝酒是一门学问，拒酒也是一门学问。虽然在喝酒之前总是提醒自己“喝酒伤身，上个月才做了手术，还是少喝点”，但一上了酒场，领导轮番地敬酒劝酒很快就让自己招架不住了，根本不知道该如何拒酒。说到拒酒，分为硬拒和软拒：硬拒就是直接、不留情面的拒绝，比如“我不喝酒”；软拒就是不伤和气地拒酒，比如“不好意思，我一会儿还得开车回家，不能喝酒”。实际上，对待领导的轮番敬酒，我们要学会“软拒”，而不

是硬拒。

酒桌上，几个领导都喝高了，还在那里轮番敬酒，小张已经感觉到自己不行了，再喝下去胃肯定出血。但是，领导们似乎并没到放手的时候，这时，销售部的张经理又开始敬酒了，小张挡住酒杯："我可真不行了，再喝，我的胃都要出血了。"谁料，张经理说："喝！感情铁，喝出血！宁伤身体，不伤感情；宁把肠胃喝个洞，也不让感情裂个缝！"

一听领导说出如此不理性的话，小张笑了，今天真要把这酒给拒了，他回答说："我们要理性消费，理性喝酒。'留一半清醒，留一半醉，至少在梦里有你伴随'，我是身体和感情都不愿伤害的人。没有身体，就不能体现感情；没有感情，就是行尸走肉。为了不伤感情，我喝；为了不伤身体，我喝一点儿。"喝得半醉半醒的领导们听了这话，马上竖起了大拇指，大笑着说："不愧是小张，我的好兄弟，说得对，干了这杯酒，咱们马上撤退回家。"

一般情况下，领导在敬酒时都会说一些敬酒的话，这时，不妨巧妙顺着领导的敬酒辞表达自己的拒酒话，以此达到拒酒的目的。有的人拒酒很有一套，遇到熟人硬劝，他就嬉皮笑脸，对劝酒的人不客气；碰到陌生人敬酒，他就说自己酒量不行。这样一来，基本上能混过一次算一次。

从社交关系来说，领导敬酒应该是好事情，作为下属应该先干为敬，但现实情况却是，如果自己真的身体虚弱，酒喝多了肯定会坏事。对此，面对酒桌上热情似火的领导，下属应该想好拒绝的理由，比如"我一会要开车，不能喝酒""我上个月才做了手术，你不想我第二次进医院吧""我的胃一直不好，喝了酒就会出血""我对酒精过敏""我前阵子生病了，正在吃药，医生不让喝酒"等，这些都是司空见惯的理由，而这一切都是为了拒酒，让领导体谅自己的难处。

# 女性职员巧言应对职场骚扰

在工作中，尤其是年轻貌美的女下属，很容易受到领导的骚扰，作为下属该如何巧妙应对呢？在平时的工作中，女下属需要保持对领导的尊敬和礼貌。这种尊敬和礼貌要把握火候和度，不要让领导误会你在向他“暗送秋波”，或者有什么格外的意思。除了工作以外的时间里，对于领导的一些额外的邀请，要学会礼貌地拒绝，尽量避免与领导单独出去吃饭，包括和领导一起出去陪客人。面对领导的骚扰，不要顶撞地回绝，而要礼貌地拒绝，维护领导的面子。

对于任何一位女下属来说，尊严是最宝贵的财富。现代社会，越来越多的白领女性表示自己曾受到领导的“性骚扰”。这样的场景的确令人难堪，但作为女性来说，礼貌地拒绝才是上上之策。当然，对于一些性格比较好强的女人，她也许将这件事闹得沸沸扬扬，弄得人尽皆知，最后辞职走人。其实，这样的方式是极不妥当的，虽然你向更多的人宣扬了领导的“恶习”，但与此同时你也将自己卷入了其中。至于“辞职”这样的方式，除非领导的骚扰真的到了很严重的地步，这个方式才值得采纳。但还有一种更聪明的女性，那就是礼貌而有分寸地拒绝，让领导再也“不敢”轻易地骚扰自己。

在《杜拉拉升职记》里有这样的情节：

台湾老板阿发对公司年轻貌美的女职员垂涎欲滴，他通常会叫女职员单独留下，先拍拍肩膀做慈爱状，接着送给她一张五星级酒店的常住卡，然后道出自己当过黑社会小弟的历史，并露出自己胸前的刀疤让女职员摸。这是杜拉拉进入职场后就熟悉的一些情况。曾被骚扰的女同事琳达劝杜拉拉：“这种事你要么忍，要么等，等更年轻漂亮的女职员进公司。”

有一次，杜拉拉的经理出去接个电话，杜拉拉坐下来看一份传真。忽然，她感觉老板阿发拿脚在摩挲自己的脚背。当时正是夏天杜拉拉没有穿袜子光脚穿着凉鞋的时候，她浑身一激灵，就好像有一只又湿又冷的肥老鼠爬过自己的脚背。于是，杜拉拉将自己脚抽回来，假笑道："胡总，不好意思我乱伸脚碰到您了。"

面对领导的骚扰，是应该听从同事的劝告，保住饭碗，选择沉默吗？选择"忍"和"等"吗？其实，对于女下属来说，逃避以及沉默都不是解决领导骚扰的办法，职场女性杜拉拉表示"这种事情不能忍，更不能等"。当然，也不会采用打耳光或丢饭碗这样的激烈行为来反抗领导的骚扰，她采用了更巧妙的方式来化解这种职场上的尴尬。

面对骚扰，我们应该首先态度明确，心平气和地又巧妙地表达出自己拒绝骚扰的态度，不伤和气，又能让领导知难而退，化解职场上的尴尬。实际上，对于女下属来说，当遭遇领导骚扰时，明确态度很重要。否则，领导会误以为你并不拒绝骚扰，他的行为就会更加大胆。还可以与领导的太太成为朋友，当领导有骚扰行为时，借故说："您太太……"这样一来，即便领导吃了熊心豹子胆，也不敢轻举妄动了。

# 第十三章　智言妙语，职场好口才赢得领导认可

在日常工作中，下属说话还需要灵活变通，好口才可以与领导奏出和谐的旋律。在恰当的时机，妙语帮领导解围；当领导与他人争执时，巧言劝解；学会自嘲，化解与领导之间的尴尬。

## 机智言语帮助领导摆脱困境

在工作中，在某些时候，领导会陷入一个尴尬或难堪的境地，这时作为下属，需要巧用妙语帮领导金蝉脱壳。所谓的金蝉脱壳，也就是在领导身处窘困之境时，下属运用各种富有迷惑性的手法，转移对方的注意力，岔开领导不便回答的问题，使对方不明白领导的虚实和动向，从而让领导及时地摆脱困境，化险为夷。虽然领导具备丰富的知识以及灵活的应变能力，但好马也有失蹄的时候，再睿智的领导也会有大脑放松的时候，难免陷入难堪的境地。在领导难堪时，作为下属，就应该挺身而出，用两三句妙语帮助领导金蝉脱壳，那领导对你将会感激不尽。在以后的工作中，他会对你充满信任，也会在工作中帮助你、提携你。

许多下属总是抱怨“升职加薪无望”，在公司工作多年了，但领导从未正眼看过自己，这样下去，难道自己就一辈子当个小职员吗？其实，这些只知道抱怨的下属不善于抓住亲近领导的机会，比如领导需要帮助的时候，你又在哪里呢？领导只会记住那些在关键场合出现的人。假如领导陷入了窘迫的境地，作为下属应该抓住这个亲近领导的机会，顺势为领导解围，帮助领导解脱困

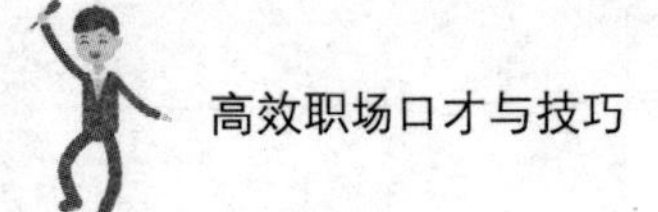


境，那领导内心对你是莫大的感激，自然你也给他留下了深刻的印象。有了与领导如此的关系，还愁升职加薪没有希望吗?

早上，公司举办了庆典活动，有一项议程是主要领导讲话，也就是公司里最高领导王董事长讲话。

不料，真正等到王董事长讲话时，话筒出现了问题，只要董事长一开口，那整个大厅就出现一阵刺耳的声音，董事长脸上有点难堪。这时董事长身边的秘书三两步走上台，重新调整了话筒，先试着喊“喂”，验证话筒没有问题了，但他没有急于把话筒递给董事长，而是拿着话筒说了几句话：“看来，咱们董事长太有威严了，连话筒到了他手里都得紧张一下子，一紧张就出现问题了。不过，现在它不紧张了，因为董事长在这里讲话，那是它的荣幸，下面掌声有请王董事长讲话。”整个大厅爆发出雷鸣般的掌声，刚才出现的小插曲已经消失无影了，而王董事长在接过话筒的那一刻，对秘书投来赞许的目光。

在案例中，前面有人讲话时话筒还好好的，但临到王董事长讲话时，话筒就出现了问题。虽然这并不是人为造成的难堪场景，但对于讲话者王董事长而言，还是多少有点尴尬。聪明的秘书趁此机会站了出来，他先是帮忙调整了话筒，然后说了几句妙语，轻松地为王董事长解了围。

在实际操作中，我们可以借鉴这样一些方法和技巧：在一些场合，有可能一个敏感的问题让整个场面都僵住了，甚至妨碍了正常交际的进行，这时候下属就可以通过幽默解说将问题诙谐化，并打破僵局，让交际得以顺利进行；有时候领导可能在某些特定场合做出了不合时宜、不合情理的举动，这让旁人看起来很费解，导致整个局面僵持，这时候下属需要自己找一个角度或借口，强调对方行为的合理性，这样就能打破僵局，缓解气氛。

在工作中，人们常常因固执己见而争论不休，因为一句不适当的话而

冷场，或者因为突发情况形成尴尬局面等，形成了难以缓和的气氛，整个场面好像凝固了。这时如果当事人就是领导者，那作为局外人的下属，需要适时说几句话来打破僵局，化解尴尬气氛，帮领导解围，从而让交流得以顺利进行。

## 大事化小，轻松氛围中劝解争执

有时候，我们会亲眼目睹领导与他人发生争执，这时作为下属该如何劝解呢？实际上，争执也是分好几种的，有时是因为客观原因发生的争执，比如两人意见不统一；有时则是纯粹的冲突或矛盾，比如在停车时与另外一个车主发生争执。这两者情况的争执都是可以调和的，但其中的过程就需要看下属灵活的口才了。在劝解过程中，下属应该记住一点：任何时候，在争执现场都需要站在领导这一边。当然，并不是说明明过错在领导这方，还是需要站在领导这边，而是你先站在领导这边，等领导气消了，再慢慢劝解。再愚蠢的领导，事情本身到底是谁对谁错，他自己是明白的，只是在很多时候不愿意承认而已。下属在劝解领导与他人发生争执时，最忌讳的就是站在领导的对立面，本来领导就已经很生气了，如果你还与他作对，那很容易诱发更多的消极情绪，估计到最后，不是领导与他人的争执，而是领导与你起争执。

上午大家都在办公室里工作，突然，传来很大争吵声。员工们都凝神静听，只听见王经理大声说："这个案子本身是我们部门负责的，凭什么需要调到你们部门，我去争取的时候，你在干吗，等到我把名额争取下来了，你就想来分一杯羹了，你到底是怎么想的？"隔壁部门的张经理也不甘示弱："当初本来就是我提出来的，结果你先向领导申请，那我就只有放弃了。说到底，这个案子本来就是我先提出来的，现在到了你这里，却好像它是你想出来似的？"

两个人的声音越来越大，大家都知道两位部门经理又因为意见不合争吵起来。不一会儿，张经理气得摔门而去，临走前说："你想想吧，我最后的让步是咱们一起合作，如果你还是执意不肯，那我只有请上级领导来裁决了。"办公室里安静了好一会儿，小松迈着迟疑的脚步走进了经理办公室，看见经理还在那里生气，就安慰道："王经理，别生气了，气坏了身体，怎么与张经理一较高低呢？"这句轻松的玩笑话，一时之间化解了办公室里的紧张气氛，王经理叹了一口气，瘫坐在沙发上。

小松帮忙倒了一杯水，放在王经理的办公桌上，说道："我觉得你说得很有道理，虽说这个案子最先是张经理想出来的，但毕竟是你亲自去申请的，算起来，这应该是咱们部门的。不过，从另外一个角度想，如果张经理真的请示上级领导，那估计事情就很复杂了。"小松偷偷看了王经理一眼，发现他正认真听着，小松继续说道："如果上级领导知道仅仅因为一个案子就搞成这样，你们两位经理肯定都是逃脱不了干系的，还不如咱们大度一点，与张经理合作，一来可以消了张经理心中的怨气，二来赢得了口碑，而且张经理自己觉得欠你一个人情，以后也不好意思跟你作对啦。"王经理陷入了沉思，虽然他没说什么，但他已经在考虑如何向张经理提合作的事情了。

在整个劝解过程中，小松先是以一句轻松的玩笑话化解了紧张的气氛，让王经理放松了下来。然后，小松指出王经理是对的，这样的说法会让王经理有继续听下去的欲望，也为后面的劝说奠定了基础。后面，小松分析了事情的利弊，指出如果王经理真的不肯让步，事情就有可能闹大，这样对两个人都是不好的，不如让出一步，既做好了工作，又赢得了口碑。就这样，在小松一步步地劝说下，王经理终于被说服了。

下属劝解领导与他人之间的矛盾，并不仅仅是安慰一两句就行了，还需

要针对这样的争执，想出调和的办法，并努力促成双方达成一致的意见，这才是下属高明的做法。如果你只是安慰“别生气了，不要跟那种人一般见识”，那领导听多了也会生厌，反而会觉得你是一个毫无办法的下属。

## 用点心思化解工作中的小误会

有时候，由于工作关系或无意中所说的几句话，就造成了自己与领导之间的误会，这时该如何是好呢？与领导之间的误会，始终是需要化解的，如果就让它这样一直存在着，那有可能本来只是一个小小的误会，但最终会日积月累，成为一个大的隔阂，横隔在你与领导之间，所造成的后果是：你将无法与领导进行正常的沟通，这对于你工作的开展也会带来一些阻碍。而且，有些与领导当场形成的误会，需要及时化解，如由于随口说出的几句话所造成的误会，或者是由于无心造成的一些行为举动。实际上，误会的产生差不多都是无心之说，也就是我们常说的话语失误。

对此，作为下属需要动动脑筋，如何通过几句话就可以化解与领导之间的小误会呢？

有一次，纪晓岚光着膀子与几人在军机处聊天，正巧乾隆带着几个随从突然到访，其他人一见皇帝来了，连忙上前接驾，躲在后面的纪晓岚心想：如果自己就这样光着膀子接驾，岂不是亵渎了万岁？可能皇帝并没有发现自己，还是先躲一下为好。于是，急忙之下，纪晓岚钻到了桌子底下藏了起来。其实这一举动被乾隆看在眼里，他故意装作没看见，却在椅子上坐了下来。

纪晓岚在桌子底下缩成一团，大汗淋漓，却不敢出声，过去了很长时间，他没听见乾隆说话的声音，以为他走了，就问身边的同僚：“老头子走了没有？”这话被乾隆听见了，他厉声问道：“纪晓岚，你见驾不接，我且不怪

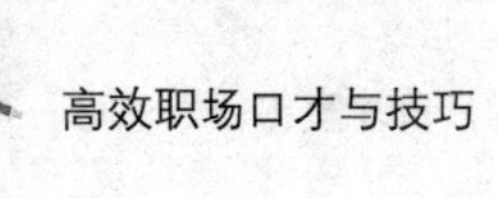



罪于你，你叫我‘老头子’是什么意思？你要一个字一个字地给我说清楚，否则，别怪我无情！”

纪晓岚吓得半死，连称：“死罪！死罪！”接着，慢慢解释道：“万岁不要动怒，奴才所以称您为‘老头子’，的确是出于对您的尊敬。先说‘老’字，‘万寿无疆’称‘老’，我主是当今有道明君，天下臣民皆呼‘万岁’，故此称您为‘老’。”

乾隆听了点点头，纪晓岚继续说道：“‘顶天立地’称为‘头’，我主是当今伟大人物，是天下万民之首，‘首’者，‘头’也。故此称您为‘头’。至于‘子’字嘛，意义更明显。我主乃紫微星下界，紫微星，天之子也，因此天下臣民都称您为天‘子’。”乾隆听了笑了，这事就这样过去了。

由于无心之过，随口所说的几句话使得纪晓岚与皇帝之间发生了一点小误会。但对象可是皇帝，那可是严重的事情，若不及时化解，弄不好自己的脑袋就要搬家了。幸亏纪晓岚思维敏捷，对待这样的小误会，慢慢解释，仅仅用了几句话就化解了，补救了自己无心造成的过失。在回应皇帝的过程中，纪晓岚言语诚恳，态度谦逊，语言幽默风趣，以灵敏的应变能力巧妙地化解了话语失误带来的危险，受到了乾隆皇帝的肯定。

既然是误会，那就是自己所说的一些话或一些行为让领导产生了误解。这样的情况并不是自己真的做错了什么，而是无心造成的。面对自己与领导之间产生的小误会，作为下属，需要主动去化解或挽回，因为领导每天都会有许多的工作，他是不可能主动找到你化解那些误会的。因此，在这个问题上，下属首先应该拿出的就是主动的姿态。其次，就是谦虚的态度，尽管并不是真的犯下了错误，但在领导面前，还是应保持谦虚、谨慎、诚恳的态度。

对于言语或行动造成的失误，我们可以用语言来进行化解。当然，这其

中是需要灵敏的思维以及绝妙的技巧的。但只要你懂得随机应变，就能够顺利地化解自己与领导之间的小误会，从而打破上下级之间的隔阂，与领导之间展开顺利的交流与沟通。

## 用自嘲化解职场中的尴尬

幽默一直被人们称为只有聪明人才能驾驭的语言艺术，而自嘲又被称为幽默的最高境界。自嘲是缺乏自信者不敢使用的语言艺术，因为它要你自己拿自身的失误、不足甚至生理缺陷来“开涮”，对丑处、羞处不予遮掩、躲避，反而把它放大、夸张、剖析，然后巧妙地引申发挥，自圆其说，博得一笑。由此可见，能自嘲的人必须是智者中的智者、高手中的高手。在工作中，下属与领导相处时，当自己处境尴尬时，若是善用自嘲，不仅可以给自己找个台阶下，而且很容易产生幽默的效果，轻轻松松地就化解了与领导之间的尴尬。当然，下属若是想运用自嘲的艺术，那必须具备豁达、乐观、超脱、调侃的心态和胸怀。如果缺少这些特质，你是无法运用自嘲的语言艺术的，有的下属自以为是、斤斤计较、尖酸刻薄，他们是难以说出自嘲的话的。自嘲的语言艺术是最为安全的，因为它谁也不伤害。你还可以用它来活跃谈话气氛，消除紧张的情绪；在尴尬中找个台阶，保住面子；在公共场合收获欢迎；在特别场景中含沙射影，刺一刺无理取闹的小人。

在一个中秋佳节，乾隆在御花园召集群臣赏月。他一时兴起提出要与纪晓岚对句集联，以增雅兴。一向自恃才高八斗、文思敏捷的乾隆先出了上联：玉帝行兵，风刀雨剑云旗雷鼓天为阵。出完了上联，乾隆踌躇满志地望着纪晓岚，看他如何对下联。

纪晓岚沉思片刻，对出了下联：龙王设宴，日灯月烛山肴海酒地作盘。明眼人都看出，纪晓岚的下联不但工整，而且气势宏大，和乾隆所出的上联简直是云泥之别。可是，乾隆听了下联，脸色开始变了，一时间阴沉着脸。这时纪晓岚当然明白乾隆的心思，一向好胜的乾隆，怎么容得下自己所出的下联呢？看来自己不该一比高低，弄不好会引来杀身之祸。

面对这样的情况，纪晓岚心里也很着急，但他并非等闲之辈，只见他灵机一动，巧舌如簧："主人贵为天子，故风雨雷电任凭驱策、傲视天下；微臣乃酒囊饭袋，故视日月山海都在筵席之中，不过肚大贪吃而已。"听到纪晓岚这一番话，乾隆刚刚消失的得意之色再露，笑着对纪晓岚说道："爱卿饭量虽好，如非学富五车之人，实不能有此大肚。"

在案例中，纪晓岚适度的自嘲不仅是一种良好的修养，同时还为自己化解了一场危机。在平时工作中的自嘲，可以制造宽松和谐的交谈气氛，可以让自己活得更轻松洒脱，让领导感受自己的幽默和风趣。同时，还可以有效地维护领导面子，建立沟通双方的心理平衡。

当你置身于难堪境地时，如果过分掩饰自己的失态，反而会弄巧成拙，使自己越发尴尬。相反，如果以漫不经心、自我解嘲的口吻说几句取悦于人的话，却可以活跃气氛、消除尴尬。例如小王是一个大胖子，但他却不以胖为耻。在工作中，他经常自嘲说："我是个比别人亲切三倍的男人，每当我在车上让座给女人时，我的一个座位中可以坐下三个人。"轻松愉快的自嘲，正是小王信心十足的有力表现。

有人说："无论你想笑别人什么，都不妨先笑你自己。"在现实工作中，自嘲简直可以说是治疗尴尬的一剂良药。当自己遭遇尴尬时，不妨拿自己开涮，反而会让领导开怀大笑。其实自嘲是一种心理成熟的标志，貌似你损失了面子，但却以真诚的人格魅力赢得了领导的青睐。自嘲最大的作用就是让沟

通的场景变得轻松起来，而领导作为工作环境中的主要人物，他更不希望看到难堪局面。因此，对于下属来说，自嘲不但给自己解围，而且也间接地帮助了领导。

## 用机智幽默赢得领导的青睐

恩格斯说：“幽默是具有智慧、教养和道德优越的表现。”下属在与领导沟通过程中，要善于运用幽默的艺术。不必捧腹大笑，不必脍炙人口，有时一个微笑、一个小小的恶作剧，就会让领导豁然开朗，拨云见日。假若把你的各种优良特质比作钻石的各个侧面，幽默感则是钻石直接面向观众的那一面，可以时时折射出智慧的光芒。在有限的时间和空间内，哪怕是初次见面的一次晚餐上，幽默都能让你一展才华，令人耳目一新，乐不可支，令领导印象深刻。一段精彩的幽默告白，有时会让人一辈子不忘，你的形象会被领导长久地储存在记忆深处。可以说，对于下属来说，幽默是一种优美、健康的品质，更是每个人都应该具备的品质。

汉武帝晚年很希望自己能长生不老。有一天，他与一个侍臣闲聊：“相书上说，一个人鼻子下面的人中越长，寿命就越长；人中长一寸，能活一百岁。不知是真是假？”东方朔听了这话，知道皇上又在做长生不老之梦，脸上露出一丝讥讽的笑意。皇上见东方朔似有讥讽之意，喝道：“你居然敢笑话我？”

东方朔毕恭毕敬地回答：“我怎么敢笑话皇上呢？我是在笑彭祖的脸太难看了。”汉武帝问：“你为什么笑彭祖呢？”东方朔说：“据说彭祖活了八百岁，如果真像皇上所说，人中长一寸就活一百岁，彭祖的人中就该有八寸长了，那么，他的脸岂不是太难看了吗？”汉武帝听了，不禁哈哈大笑起来。

在这个故事里，东方朔以幽默的语言，用笑彭祖的办法来劝皇帝。整个批驳言语不多，机智幽默，风趣诙谐，令怒不可遏的皇帝转怒为喜，并且愉快地接受东方朔的看法。由此可见，幽默具有一种特性，一种引发喜悦、以愉快的方式娱人的特性，它更是一种有效的说服方法。

当然，对于下属来说，说话风趣幽默，这也需要自身的一些基础和条件，只有具备了这些基础和条件，才能使自己说话充满风趣幽默，也才能有效地营造轻松的气氛。下属在与领导沟通过程中，幽默的说话具有反应迅速的特点，这就要求下属必须思维敏捷、能言善辩。而这些往往来自于对生活的深刻体验和对事物的认真观察。下属只有具备了较高的观察力、想象力，才能在说话过程中灵活地运用比喻、夸张的方式说出幽默的话语。

南唐时，苛税繁重，民不聊生。恰逢京师大旱，烈祖问群臣道：“外地都下了雨，为什么京城不下？”大臣申渐高说：“因为雨怕抽税，所以不敢入京城。”烈祖听后大笑，于是决定减轻赋税。

申渐高巧借话题，把“雨”拟人化，从而幽默而委婉地说出了“税收繁重，令人生畏”的意思，机智地劝说烈祖减轻赋税，最终取得了预期的效果。

通常情况下，幽默的语言是建立在下属有较高的思想境界和较高的修养上的。如果是一位心胸狭窄、思想颓废的下属，他是说不出幽默的话的，就更别说营造愉快的气氛了。一个下属语言修养高、文化知识丰富，对古今中外、天南海北、历史典故、风土人情等各种各样的知识都有所了解和掌握，那再加上丰富的词汇、灵活多样的语言表达形式，说起话来才能得心应手，当然就容易活泼、生动有趣了。

幽默在生活中无所不在，幽默的素材在生活中也无处不有。下属幽默诙谐的语言是生动形象的语言，是让领导饶有兴致听下去的语言。而幽默也是获得领导好感的有效办法之一。在一般情况下，人们都愿意与幽默的人交往。在

严肃的沟通过程中加上幽默生动的语言，往往就会使气氛活跃轻松起来，使人的情绪在笑声中得到放松。

## 得罪了领导，要会巧言圆场挽回

作为下属，如果察觉到自己得罪了领导，那就需要用语言来挽回自己的过失，以求得领导的原谅。在这样的情况下，语言表达是有一定的技巧的，因为下属本身是类似于“负荆请罪”的身份，因此在语言表达上，需要尽量讨得领导欢心，求得领导原谅。自然，下属在态度上应该是谦逊的，而不是倨傲的，如果你明明得罪了领导，还一副嚣张的态度，那首先领导就不会给你好脸色。因此，无论是说话语气，还是自身的行为态度，应谦虚谨慎，尽量以赞美的语言打动领导，从而达到自己的目的。

袁世凯窃取了辛亥胜利的革命果实，掌握了中华民国临时大总统权力后，整天做着皇帝梦。一天，袁世凯正在午睡，一位侍婢端来参汤，准备等袁世凯睡醒后喝。谁知这位侍婢在进门的时候，一不小心差点摔了，虽然把自己身子平衡住了，但却将手中珍贵的羊脂玉碗打翻在地，化为碎片。玉碗的破碎声惊醒了袁世凯，他一见自己心爱的羊脂玉碗被摔得粉碎，气得满脸颤抖，大声吼道：“今天俺非要你的贱命不可！”

在这关键的时刻，婢女连忙跪着哭诉：“这不是小人之过，婢女有下情不敢上达。”袁世凯大骂道：“快说快说，看你死到临头，还能编出什么鬼话。”侍婢哭着回答：“小人端参汤进来，看见床上躺的不是大总统。”“混账东西，”袁世凯更加生气，“床上不是俺，能是啥？”“小人不敢说，怕人哪！”婢女哭声更大了。袁世凯气得站了起来，咬牙切齿地说：“你再不说，瞧俺不杀了你！”

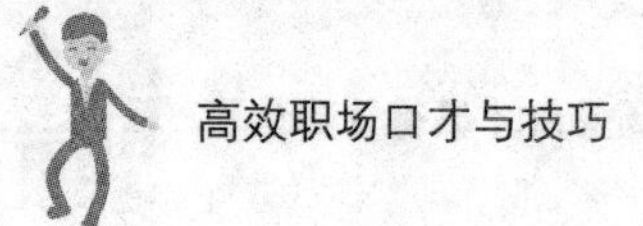



“我说，我说。床上，床上……床上躺着一条五爪大金龙！婢女一见，吓得跌倒在地……”袁世凯一听，心中不由一阵狂喜，心想：原来自己真的是真龙转世，一定会登上梦寐以求的皇帝宝座的。顿时，袁世凯怒气全消，还拿出厚厚的一沓钞票为婢女压惊。

婢女打碎了羊脂玉碗，打翻了参汤，若是按照袁世凯的脾气，定是会砍头的。聪明的婢女整日侍奉主人，当然知道他最想当皇帝。于是，急中生智，编出了“五爪金龙惊落玉碗”的故事。这样的赞赏无疑满足了袁世凯的心理，顿时他转怒为喜，而那位婢女不仅捡回了一条命，还得到了意外的赏赐。

明朝建国后的某一天，明太祖朱元璋在大殿上想，江南之地已归己有，便命画工将江南山川画于殿壁之上。画工答道：“臣未遍迹山川，且才识浅薄，不敢奉诏。”朱元璋勃然大怒：“小奴才，胆敢违旨抗命，可否知罪？”于是命刀斧手将画工推出去斩首。

此时画工急中生智道：“陛下息怒。您遍历九州，见多识广，而且是您的江山，您了如指掌，有劳陛下先画个轮廓。”朱元璋一听，果然转怒为喜，然后挥笔画了一个轮廓，让画工开始润色。这时画工却说：“陛下江山已定，岂可动摇。”没想到，这句话说得朱元璋心头大喜，不但免去了画工的死罪，还赏了他三百两银子。

案例中，本来朱元璋要求画师将山川画在殿壁之上，画师却因实有难处而委婉拒绝。不料就这样得罪了朱元璋，眼看自己人头快要落地了，急中生智的画师口舌如簧，朱元璋一听，果然转怒为喜，最后，画师不仅捡回了性命，而且还得到了赏赐。

在工作中无意得罪了领导并不可怕，关键是你需要用几句话及时挽回局面，否则将一发不可收拾，说不定就此断送自己的职场生涯。对此，下属需要

在平时多磨练口才，让自己练就灵活多变的语言表达能力。这样一来，即使在紧要关头，也可以急中生智，以寥寥数语挽回领导对自己的信任。

## 正视自己的失误，主动请求领导原谅

美国田纳西银行前总经理特里曾说："承认错误是一个人最大的力量源泉，因为正视错误的人将得到错误以外的东西。"由这句话引申出来的就是著名的心理学法则——特里法则。俗话说："金无足赤，人无完人。"谁难免都会犯一点小错误，而且，每个人都存在着这样的心理：犯错误的时候，脑子里总是想着隐瞒自己的错误，害怕自己承认错误之后会觉得没有面子。其实，有这样的心理是正常的，但是，为了能够从错误中获得另外一些有用的东西，我们应该克服这样的心理。在日常工作中，如果自己在某些地方犯了一些错误，应该主动向领导"请罪"，请求其原谅，这才是上上之策。

下属必须要意识到，承认错误并不是什么丢面子的事情，相反，在一定程度上，这是一种勇敢的行为。因为，对于每一个犯错的人来说，错误承认得越及时，那么这个错误就越容易得到改正和补救。另外，更为关键的是，自己主动承认错误远比领导提出批评后再承认更容易得到领导的谅解。更何况，一次错误并不会毁掉你的前程，真正会阻碍你的，是那不愿意承担责任、不愿意改正错误的态度。如果我们犯了错误，而又免不了受领导责备，何不先自己承认错误呢？其实，敢于认错本身就具有很大的价值。

布鲁士·哈威是公司财务部的一名员工。有一次，他错误地付给一位请病假的员工全薪。就在他发现这个错误时，他就及时地告诉那位员工，解释说必须纠正这个错误，他要在下一次的薪水中减去多付的金额。然而，那位员工说这样做会给自己带来严重的财务问题，因此，他请求分期扣回多付的薪水。但

是这样的话，哈威必须首先获得上级的批准。哈威心想：我这样做，一定会使老板十分不满。不过，在哈威考虑如何以更好的方式来处理这件事时，他认识到，自己必须首先在老板面前承认错误。

于是，哈威找到了老板，说了事情的详细经过，并承认了错误。老板听了大发脾气，指责人事部门和会计部门的疏忽，然后，开始责怪办公室另外两位同事。哈威反复解释："这是我的错误，跟别人没有关系。"最后，老板看着他说："好吧，这是你的错误，现在把这个问题解决吧。"哈威解决了问题，纠正了错误，没有给任何人带来麻烦。从这以后，老板更加器重哈威了。

哈威敢于承认自己的错误，从而赢得了老板的信任。其实，如果一个人有足够的勇气来承认自己的错误，那么，在认错之后，其内心如释重负。承认错误，不仅可以消除内心的罪恶感，而且有助于解决错误所带来的问题。

在营救驻伊朗的美国大使馆人质的作战计划失败后，美国总统吉米·卡特在电视里郑重申明："一切责任在我。"当时，仅仅因为这句简单的话，卡特总统的支持率上升了10%。并不是错误了，就永远不能改正；不是失败了，就永远不能成功。勇于承认自己的失败与错误，才能赢得领导的赏识，这会让领导觉得："你还不是最糟糕的""你还有潜力成为一名优秀的员工"。

相较于那些总是为自己的过错寻找借口的下属来说，主动向领导承认错误，这会让领导看到一个不一样的你。虽然你的工作能力可能并不如其他人，但你主动、勇于承认错误这一点，将会给领导留下很深刻的印象。